精准文案

自媒体人枕边书

阿鱼 ● 著

浙江文艺出版社
Zhejiang Literature & Art Publishing House

图书在版编目(CIP)数据

精准文案：自媒体人枕边书 / 阿鱼著 . -- 杭州：
浙江文艺出版社 , 2024.4
ISBN 978-7-5339-7287-5

Ⅰ . ①精… Ⅱ . ①阿… Ⅲ . ①传播媒介 – 文书 – 写作
Ⅳ . ① G206.2

中国国家版本馆 CIP 数据核字 (2023) 第 122429 号

责任编辑	金荣良
责任校对	萧　燕
责任印制	张丽敏
装帧设计	张　瑜
营销编辑	汪心怡
数字编辑	姜梦冉　诸婧琦

精准文案：自媒体人枕边书

阿鱼 著

出版发行	浙江文艺出版社
地　　址	杭州市体育场路347号
邮　　编	310006
电　　话	0571-85176953（总编办）
	0571-85152727（市场部）
制　　版	异彩设计
印　　刷	浙江超能印业有限公司
开　　本	889毫米×1194毫米　1/32
字　　数	216 千字
印　　张	9.875
插　　页	2
版　　次	2024 年 4 月第 1 版
印　　次	2024 年 4 月第 1 次印刷
书　　号	ISBN 978-7-5339-7287-5
定　　价	69.00 元

序
Preface

这本书走了很远的路，才能出现在你的面前，其中的过程我不加赘述，因为无非是一些对于内容本身的推敲琢磨。

在刚开始学写文案的时候，我和你一样，也看了很多文案书，也确实学到了很多文案创作的套路和技巧。但是很快我就发现了一个问题：在迭代速度如此之快的流量时代，套路很容易过时。

因为每个看你内容的用户，都是鲜活存在的人，具有自主意识和"免疫"能力。那么，一个套路用过一段时间，被用户见多了、识破了、厌烦了，自然就不管用了，甚至还会起反作用——你一开口用户就意识到你要"套路"他了，那还能管用吗？用户心里会舒服吗？而这也是现在很多 IP 发现如果自己不做内容升级，每次发视频不仅不涨粉反而掉粉的主要原因。

因此，我认为在文案创作过程中，套路和技巧不是最重要的，最重要的是能够不断创造出新的文案模式。

这，也就是我这本书的第一部分和核心内容。我想让各位创作者或者说未来的创作者们，拥有持续不断的爆款输出力，而不是用了一种套路觉得好用，就一直用，之后被人厌弃，成为流量的弃儿。

毕竟，好的创作者不应该指望能有浪潮推自己一把，而是应该主动去做那个御风而行、踏浪而往的人。不要指望别人喂东西给你吃，别人喂的东西始终是被嚼过的，想品尝胜利的美味，我们应该自己下厨。或许，你在看完这本书之后，或者说在看这本书的中途，立马就能获得灵感，创作出属于自己的"套路"。

倘若如此，请你务必告诉我，我所做的也是全媒体的社交平台，你可以在多家社交平台上找到我。

关于本书的内容结构，我想了很多个夜晚，想到时候看书的人会说什么，他们会怎么评价。然后我突然想到，我跟创作者分享了所谓的"创作文案套路的套路"，就相当于：同样以身体健康为目的，我分享的是健身与饮食方法，我觉得这个路径很好，可以从根源上解决问题；但有些创作者并不喜欢这个模式，他们觉得学习或运用这样的模式很困难，他们就想要增强体质的特效药，最好能拿来即用立刻生效。

他们或许会觉得：直接给我文案公式、现成好用的文案套路，可以拿来即用，立马看到效果才好。

好的，这也没问题，套路我也有很多。这对我来说反而是更为简单的事情，相当于让我直接分享个人文案笔记。所以这本书有一部分内容，正是"现成套路"。几十种金句创作公式，够不够用？

说实话，虽然我觉得做这样的分享没什么用，因为它对文案学习的帮助始终流于表面，但架不住我的很多朋友、学员都反映了这样一个问题：结尾往往想不到用金句来升华自己的文案。

所以我才会在本书里添加这么一个模块。如果你有文案收尾总是不够漂亮的困境，那就请把关于金句创作公式的那章好好看看，总会找到一种适合自己文案的金句公式。

还有部分内容是根据数据反馈创作文案。我知道有些创作者可能才刚入门，常常困惑于内容明明看着还行，但为何数据差到超过想象。

你有没有想过，数据差到惨不忍睹的原因或许是——你的内容只有自己能看懂，大多数人其实根本没看懂；你的创作无非是孤芳自赏，纯属自嗨。

很多创作者应该都不会承认那是自己。但是对不起，我会帮你认清现实。

我曾经手把手带过不少学员，给很多创作者提供过文案指导，然后无比"悲催"地发现：许多创作者的内容，都是写给自己看的，甚至只有自己能看懂。他们当中很多人都是高学历者，也知道"用户画像"的概念，但是实际运用的时候，还是自以为是，以为自己的内容哪种人会看、哪种人会喜欢，其实都是主观臆断，没有任何真实数据样本和信息源的支撑。往往在自己的专业领域越是卓越的高知分子，越是会陷入知识诅咒。仔细想想：你是凭什么认为用户会这样想而不那样以为呢？这部分内容，我会教你如何从数据中提取关键用户信息，用数据指导文案创作，用理性而非感性思维来指导文案创作。

除此之外，还有一个问题比较严重：许多创作者的创作太过随意，随意到让人无法理解。没有基础的架构，逻辑线不清晰不严谨，逻辑连接词使用混乱。想到哪儿说到哪儿，用户看得一头雾水，自己创作得满心热忱，结果一看数据：播放量不到两位数……所以我会用一部分内容帮大家打好逻辑基础，至少做到叙事条理清晰。

讲到这里，相信大家对本书的内容已经有了大致了解，为了方便大家平时的学习和翻阅，在此我再对每个章节的内容进行一个扼要的介绍，这样大家就不用按照本书目录顺序阅读，直接翻到你感兴趣的内容模块也是可以的。当然我还是更建议你按顺序阅读，因为我的确是花了一些心思对内容进行排序的，对学习文案创作的朋友来说，这是一个高效合理的知识系统。

第一章我取名"招数"，讲的是如何通过分析作品数据来辅助未来的文案创作。我会教你如何从看起来浅显的播放量、涨粉量、点赞量、评论量等基础数据入手，获得更深层的信息，帮你更科学地了解用户喜好，从而创造出爆款内容。当然，其中也讲了几个实用的文案思维，应该会对你很有帮助。毕竟很多时候，写文案的难题不在码字的手上，而是在时而混乱时而空白的脑子里。

第二章我主要讲如何产出爆款选题和精彩观点。我认为一个文案好不好，不在于使用了多少高超的文字技巧，而在于文案传递的内容本身是否精彩、是否有价值。有价值的好内容，哪怕文字平庸啰唆，大家也会认可，作品也会有热度，文字技巧无非是锦上添花罢了。内容本身的价值高低决定了基础流量的高低。而什么样的内容是好内容呢？有趣、有用、有共鸣，只要你的内容能占住这三个"有"里的一个，那你的内容价值就高。

第三章是讲怎么取标题，我总结了十三种方法。虽说叫"取标题"，但实际应用起来就不限于标题了。这些招数用在短视频里面，也就是视频最开始说的那一句话，要牢牢吸引住受众的注意力。一句话讲完大概需要三秒，所以许多自媒体人就将其称为"黄金三秒"。

第四章到第七章则是很具体的文案创作方法，我的经验之谈：

1. 如何准确传递观点和情感。这能解决大部分创作者的难题，即：为什么我心里真实的想法和我表达出来的不一样？其实很多道理大家都懂，但是同一个道理，你表达出来的却总是没有别人表达出来的精准全面。有时候会觉得：好气哦，为什么别人能说到我心坎上，我自己却说不出来？

2. 如何把控行文逻辑。说着说着就跑题了，这是肯定不允许的，不过很多人在创作过程中很难意识到这个问题，所以我要强调把控行文逻辑。

3. 如何讲好一个故事。乏味的大道理总是很少有人爱看，那如果把它融在故事里呢？如何把你想表达的内容、想达成的目的通过故事来讲述、实现？这就是我想讲的。

4. 如何押韵并写出有韵律感的文章。我当然不会教大家像诗词那样去押韵，不会讲太多的学术知识，我会直接讲方法，告诉你如何才能写出优美顺口如同诗歌一般的文案，像现在靠文艺文案出名的旅行博主房琪 kiki 和生活博主邱奇遇那样，写出的文案听上去朗朗上口而又回味无穷。

第八章总结了一些创作金句的技巧，我们都知道，金句的传播速度是最快的，一句好文案能让人瞬间记住的你的作品。可是，金句之所以是金句，就是因为它难写呀！不过你也不必为此焦虑，看看我给你提供的方法，或许灵感就来了。

最后两章是我平时练习文案，提高创作水平的方法和习惯分享，包括一些具体的文案创作流程、软件模板，以及时间管理的方法，供大家参考。

提前布置一个小作业。大家在看了本书之后，可以尝试用你学到的文案知识去给本书写一篇书评，称赞也好，批评也罢，写下来，发出来，动起来。

本书出版之后，我会去豆瓣、知乎等内容平台上搜索关键词，大概率能看到你的文章。即使本书对你的帮助不大，你也可以逻辑清晰地阐述你的理由，也可以认真批评，我会欣然接受你的指正，感谢你指出我的缺点，让我得以改进。毕竟这是一本教大家创作爆款内容的书，我希望你能创作和输出，以此开始。当然，这也是我明目张胆的小套路，希望自己的书能有更多热度。

很多朋友喜欢学习，喜欢看书，喜欢提升自己，这自然是好事。但在现在这个时代，如果你只顾着输入而忽略了输出，其实是很容易吃亏的。以前酒香不怕巷子深，但现在不一样了，不做营销的产品很少能大卖。

人和产品是一样的，你很好你有价值你有知识，想办法输出，让人知道你的价值，在当下会很有优势。

现在是群星璀璨的时代了，朋友们，你微弱的光太难被发现了，何不想办法让自己成为站在台上的人呢？

希望能看到你的输出成果。这里附上我的社交账号，倘若能够收到你的信息，荣幸之至。

微博：@阿鱼爱学习呀
抖音、快手、小红书、知乎：@阿鱼爱学习
哔哩哔哩：@阿鱼爱学习本人
微信公众号：阿鱼唠嗑

目录 Contents

001 Chapter One
第一章　招数

075 Chapter Two
第二章　如何产出
爆款选题和精彩观点

113 Chapter Three
第三章　自媒体标题
"十三式"

141 Chapter Four
第四章　如何准确
传递观点和情感

181 Chapter Five
第五章　如何把控
行文逻辑

201 Chapter Six
第六章　如何讲好
一个故事

225 Chapter Seven
第七章　如何押韵
并写出有韵律感的文章

245 Chapter Eight
第八章　二十一种
创作金句的技巧

275 Chapter Nine
第九章　快速提高文案
水平的练习方法

289 Chapter Ten
第十章　文案创作的
流程与时间管理

303 Postscript
后记

Chapter One

第一章

招数

如何利用用户思维创作文案

所谓文案，就是创意的文字表现。我研究的第一本文案书就给了我当头棒喝，书的具体内容我已经记不清了，只记得作者一直在书里强调——用户思维。

通过那本书，我了解到用户思维很重要，它决定了你能不能火，决定了别人买不买你的产品。

道理很好懂，但问题是，我实际写文案的时候还是很蒙。

我知道我得站在用户的角度去写，要换位思考，想用户所想，说用户想说。可毕竟我就是我，任何一个文案创作者的阅历都是有限的，我实在不知道具体要怎么做才算是真正地站在用户角度思考，我不知道"用户思维"要按什么样的步骤进行，更不知道对着空白文档打下的第一个字应该是什么！

让我更焦躁的是，当时市面上找不到任何一套课、一本书能完全解答我的困惑。它们好像都在跟我说一句话：

"我只能告诉你工具的用途，但无法告诉你它应该怎么用。"

是的，用户思维其实就是个工具。

而一般情况下，在了解用户思维这个工具有什么作用之后，使用者是想用它来写文案、做产品还是搞营销，因人而异。他人只能告诉我们工具的用途，无法给我们下达明确的使用指令。这就好比小时候父母告诉我们筷子能夹东西，但具体夹什么东西却是由我们自己决定的：可以用筷子夹菜，也可以用它夹虫子、夹钱、夹珠子。

如今，在我从事了大量文案类工作之后，经过时间的沉淀，终于把"如何真正利用用户思维创作文案"这一套框架梳理清楚了。

那么本书的内容，就从"用户思维"开始。

一、换位思考

请设想这样一个场景：

你即将参加一位知名作家的线下签售会，你很佩服他，想抓住这次机会加到作家本人的微信，并希望在日后能够得到他的指点。那么问题来了，请问你要怎么说、怎么做才能加到他的微信，让他愿意无私指点你呢？

不会换位思考的你可能会这样说：

"老师您好，我喜欢您很久了，您的 ×× 作品我看了三四遍，觉得您的文笔简直绝了，我可以加您的微信吗？我自己平时也写一些文章，想请您指点指点。"

不出意外的话，这位作家听到你的这番话后应该会很开心，但是他会如何回应呢？

很可能是：

"啊，谢谢你的喜欢，就是……我手机刚好没电了，不好意思啊。"

话已至此，懂事的孩子已经知道该收回手机了。倘若你这时还想着拿个充电宝出来，那就实属胡搅蛮缠，没意思了。

如果这个作家精通"人情世故"，或许他会欣然拿出手机，让你扫他的好友添加码，但你会在满怀期待地等了几天之后，发现他根本没打算通过验证信息。扎心吗？

你有没有想过，这个作家为什么不愿意加呢？

换句话说，如果你是他，你会加这样一个书粉吗？

你是作家，平时忙于写作、学习和一些必要的商务社交。而这个粉丝不仅对你毫无价值，也许还会给你带来麻烦、消耗你的精力——你需要指点他写文章，费脑子且耽误时间……

你看，如果你是他，或许也会选择不加，那么他又凭什么加你呢？

好，刚才这段想象与思考，其实就是一次换位思考。

那么我们继续：要怎么说才能让这个作家愿意加你好友并指点你呢？

继续把你自己想象成这个作家：你的日常生活会是什么样的？

除了写作，肯定还会跟一些圈内的朋友聊聊创作，获取灵感，接一些有利于卖书的商务、营销和推广活动。就算无事可做，你肯定也会花时间看书，提升自我。如果你过的是这样的生活，你会在什么情况下去加一个陌生粉丝的微信呢？

一定是这个粉丝对你有价值，要么是能帮你启发灵感，要么是能为你提供更实际的商务价值。

现在回过头来，想想自己——你身上有什么对作家有用的价值？

思考到这里，如果你身上真的具备这个作家所需要的价值，那么你就找到跟他要微信的办法了。

如果有个粉丝这样说：

"老师您好，我喜欢您很久了，您的××作品我看了三四遍，请问您有兴趣把自己的作品拍成电影吗？我还给我身边的朋友都'安利'了您，现在在我有个朋友也是您的超级粉丝了，他也特别喜欢您。原本他也爱写点东西，但现在转行当导演了，他也一直想认识您。既然现在我能有幸遇到您，可以先加一下您的微信吗？我想以后也许有机会可以介绍您和我那个导演朋友认识认识，毕竟特别期待您的作品变成电影，让更多人看到。"

我想作家很可能愿意加他。

但大多数人应该会面临这样的问题：自身很难具备一个知名作家能看得上的价值。

甚至很多人早就被困在了上一步：没有办法想象知名作家的日常生活是什么样的，因为那超出了他的认知范围。单凭想象力难以判断，即使强行想象，可能也是"农夫认为皇帝爱用金锄头挖地"。

这两点也正是创作者写文案想换位思考时所遇到的难题。

1. 因为认知差异，我们难以准确揣测用户想法、猜测他们的日常生活、挖掘他们的痛点，除非你就是他们当中的一员。不过很明显，你只能成为一类人，熟悉某一类人的想法，而创作需要你了解更多类型的人。

2. 即使你幸运地知道了用户到底想了解什么、喜欢什么、对什么感兴趣，但是你创作能力有限、知识储备有限，你写不出他们喜欢的东西。

那就没办法，就要放弃了吗？

不，请每个创作者记住一条创作格言，这句话我也一直写在我室内的白板上：

"创作不怕有问题，就怕没问题，只要有问题就会有解决问题的方法。"

二、用数据消灭认知差异

现在让我们来分析这两个问题要如何解决。

第一个关于认知差异的问题我思考了很多，得益于这两年科技的发展，我想到了解决方案：既然我们个人的揣测和分析不完整且不准确，那么我们可以借助工具啊！现在用什么工具进行分析能做到尽量完整且准确？数据啊！

我们只要搜集足够多的数据，然后对其进行大致分析，不就能知道用户的兴趣点和心理路径了吗？而且我们大可不必把数据分析想象得很麻烦，不需要变成数据分析师，也不用学云计算之类的。

现在的自媒体平台都有创作者中心，它本身就能做很多数据展示，许多刚需数据甚至都帮我们计算好了，我们可以直接查看，并且只需在这个基础上做一些简单的数据对比就好。通过这种方式，我们可以建立一些属于自己的简单的分析模型。

这的确比以前直接写文案要麻烦，但一篇爆款顶过十篇低质量作品，不是吗？

把精力花在增加我们出爆款的能力和概率上，这种努力难道不是更高效吗？况且到后期你就会发现这种模式的好处了——网感越来越准。

那么具体要怎么分析呢？在回答这个问题前，我得先带大家认识一下创作者中心会给我们展示哪些数据和信息（以抖音平台为例）。

作品优化提示

怪怪的，但似乎有用的亚子？先收藏看看？ #冷知识 #有趣的知识又增长了

需优化

发布时间：2023-04-05 22:21:42

温馨提示

优化作品，可以获得更多流量哦

作品分析

画面 涉及非原创及无创作的素材引用

作品可能涉及非原创、无创作的作品或标题重复度过高，包含下列一项或多项内容：
1.与他人发布过的作品或标题重复度过高
2.对非本人素材进行简单的二次加工，如：视频拼接、仅添加背景音乐、剪辑配音、动态壁纸等
3.含有未经授权的影视综作品/游戏/赛事/音频等可能存在侵权风险的内容

查看详情

优化建议

画面

1. 若您为原创作者，可通过抖音创作者中心-原创保护，认证成为原创作者，获取作品原创保护及其他更多权益
2. 删除他人作品一样的图片、视频素材，或重复发布的作品
3. 更换背景、字幕、配乐或特效
4. 增加丰富的元素和解说，坚持原创，尽可能使用自己的素材和创意作品

修改作品后重新上传。如作品无以上问题可点击 我要申诉

重新上传

这个是"作品优化提示"，是要进入创作者后台才能看到的。这个"需优化"标签可以让你知道你的作品有没有被平台限流。像这个作品，我在其他平台发都没问题，正常推流都是几十万，但在抖音这个平台就被限流到只有两三万的播放。原因就是图上提示的，素材的使用违规了。我在视频里用

的几张图被抖音认为没有授权，那么我现在只要把违规的图换掉，重新上传就行了。

所以创作者们，如果发现有流量明显不正常的作品，记得先看看有没有被限流。

账号诊断 ?

统计周期：2023.04.07~2023.04.13（每天10点更新）?

投稿数：
你的投稿数为0 | 提升建议

视频播放量：
你的作品播放量为112.7w，高于63.68%的同类创作者

视频完播率：
你的作品完播率为9.17%，低于56.94%的同类创作者 | 提升建议

互动指数：
你的互动指数为4.69%，高于93.94%的同类创作者

粉丝净增量：
你的粉丝净增量为2515，低于76.40%的同类创作者 | 提升建议

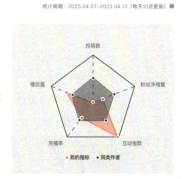

这是"账号诊断"，可以看到我最近都没有发视频。你可以从这个诊断看出你的账号近期表现不好的主要原因是什么，然后进行针对性调整。

核心数据趋势 ?

时间选择 30天 ⌄
统计周期：2023.03.15-2023.04.13（每天10点更新）?

播放量	主页访问	作品点赞	作品分享	作品评论	净增粉丝
837.0w	4.9w	14.7w	2.6w	6564	7680

30天播放量   ⬆ 导出数据

400w
300w
200w
100w
0
2023.03.15　2023.03.19　2023.03.23　2023.03.27　2023.03.31　2023.04.04　2023.04.08　2023.04.12

"核心数据"是指你的账号近期的整体表现，这项数据是可以选择时间段的，在右上角就可以看到相关选项。我现在选的是 30 天内，你还可以选 1 天、7 天的，按我的经验，这个数据看 30 天的最有用。

"作品总结"就是平台总结的你的账号近期点赞量、完播率、播放量最佳的作品，方便我们直接点进去再琢磨学习，做出类似的爆款。

"作品对比"可以帮我们直观看出每个作品的表现力。可以有多个对比维度，我一般就看点赞量、播放量、吸粉量，其他几个对新作品的升级作用不大。

"数据表现"跟"作品对比"不同，它是单个视频的数据表现，帮我们分析该视频的质量。

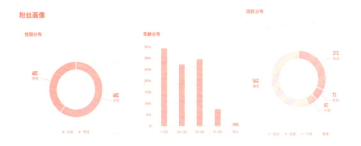

兴趣	占比
抖音	7.39%
图文	6.08%
伙伴	5.53%
小助手	3.71%
穿搭	3.12%

粉丝关注热词

兴趣	占比
抖音	7.01%
小助手	4.09%
图文	2.85%
伙伴	2.66%
DOU	2.10%

新增粉丝关注热词

上面的数据就是所谓的"粉丝画像"，你可以看到粉丝性别分布、年龄分布、最近感兴趣的元素、活跃分布等。这些数据可以帮我们更好地了解粉丝是什么样的"人"，我们在写文案的时候就会产生一个更具体的表达对象，了解他们的心理，创作出他们喜欢内容。

其中，"活跃分布"代表粉丝刷抖音的频率。

像我这个数据就有问题，因为低活用户达到了31%。这意味着，即使作品很好，抖音也把它推到了粉丝面前，但有 31% 的用户很可能不会看到，因为他们连抖音都很少刷。

产生这个问题的原因是我最近确实很少在抖音发视频了，没有吸纳新粉，而老粉又有很多卸载了抖音。

"粉丝关注热词"可以给我们提供一些创作方向。

好了，现在关于创作者中心可以给我们提供的数据信息讲得差不多了，我再来讲讲自己的分析方式。

右图是我某段时间在抖音平台的后台数据，表格是我直接从创作者中心下载的，这几项数据是我们作为创作者，能直接获取到的。虽然目前这些数据流于表面，但已经能反映出很多问题了，相信很多创作者也早就习惯关注这些数据了。

让我们对这几个简单的数据进行观察，接下来我邀请你同我一起分析。首先我们一起思考几个问题：

1. 涨粉率最高的视频是哪个？

2. 用户观看后喜爱度最高的视频是哪个？

3. 用户讨论意愿（话题度）最强的是哪个视频？

4. 用户分享欲最强的是哪个视频？

5. 完播率最佳的视频是哪个？（请注意：我没有说完播率最高而是说完播率最佳）

在这里，你可以先自行思考十分钟之后再接着往下看，我不需要你只是跟着我的思路走，每个创作者都需要总结出自己的数据分析模型（因为创作者的创作方向和受众群体有差异），接下来我分享的也只是我自己的数据分析方式，仅供大家参考。

我认为，涨粉率是用来帮助判断我们的内容价值与 IP 吸引力的有效工具，它能够直观地展现出

播放量	完播率	平均播放时长	点赞量	评论量	分享量	主页访问量	粉丝增量（非实时）
1564857	6.72%	20.94s	114665	690	6246	13593	6426
582748	38.82%	27.38s	17635	1589	697	2876	380
267705	12.36%	18.94s	24493	279	624	4591	1739
260988	10.44%	30.76s	9464	149	179	2121	309
256285	10.20%	16.77s	9988	165	215	2176	270

你所创作的内容和你通过内容所塑造的 IP 特点是否受用户喜爱与信任。所以涨粉率具备的参考价值相当大，可以为内容创作提供明确的方向指引。那涨粉率要如何计算呢？我列了这样一个公式：

粉丝 7 日增量 /7 日播放量 ×100%

我先解释一下，为什么要用 7 日的数据进行计算。根据我的经验，像抖音、小红书、快手、哔哩哔哩这样的内容平台，7 日数据具有更好的参考价值。有些内容刚发的十几个小时势头很猛，之后数据突然停滞不前。有些内容发了一两天数据一直不太好，不料之后突然数据大涨，出现明显的"挖坟"现象。这些对于我们的内容创作来说都是稀松平常的事情，很多创作者也会逐渐发现其中的规律。但对我们目前讲解的数据分析而言，我们要尽可能避开偶然性，所以我选择使用 7 日数据，因为根据这几年的自媒体经验来看，倘若一个内容 7 天过后还是没有变化的迹象，那大概率其数据将不会再产生什么巨大的变化了。

现在我们继续刚才的话题——将以上五个视频的涨粉率按照涨粉率公式去计算，会得到什么样的数据呢？0.41%、0.06%、0.64%、0.11%、0.10%。

涨粉率最高的是第三个视频，最低的是第二个视频。也就是说，10000 个人看完第三个视频就有 64 个人会关注我，而看完第二个视频，只有 6 个人会关注我。

现在让我们返回去看看第三个和第二个视频有什么区别。如果此刻你有手机，也可以拿出手机看看我的抖音账号（阿鱼爱学习）在 2021 年 10 月 2

日发布的视频，那是数据里的第三个视频，这个视频是我坐在沙发上，读简媜的句子。而第二个视频是在2021年10月18日发布的，我正兴奋地讲"猹"这个字的来源，视频里我讲到，"猹"这个字原本没有，是被鲁迅生造出来的。

你看完之后可以告诉我，你觉得你会因为什么而关注我？

现在我给你三分钟的时间，你可以三分钟之后再回来。

好，如果你没去看视频也无妨。写到这里，我去翻看了这两条视频下面的所有评论，现在我可以跟大家说说原因。现在请大家先看这两条视频的文案。

涨粉率最高

你一定会喜欢的，她的句子美得干净利落。

1. 流言又让你低迷了吗？我怎么没听到半句？若非耳聋，就是流言的姿势太低，穿过脚指头而已。——《梦游书》

2. 如果问我思念多重，不重的，像一座秋山的落叶。——《私房书》

3. 这是我最欢喜的独处时刻，没人认识我，我不必理会谁，自世俗的胶着状态抽离而去，进入飘荡程序：微喜、微晃、微微苏醒。——《我为你洒下月光》

4. 今晨醒时，见到浑圆的日，其实是被日惊醒。真喜欢这种感觉，仿佛有个爱你的人，一早等在窗外，不敢贸然叫醒你，只好红着脸等着。——《我为你洒下月光》

涨粉率最低

有人认识这个字吗？

猹，现在网友萌（意为"网友们"，此处为网络用语）在网上"吃瓜"的时候喜欢玩哏说"自己像瓜田里的猹"。这个哏来自鲁迅。我们中学都学过鲁迅那篇叫作《故乡》的文章，里面有一个名场面就是少年闰土月下刺猹，所以这个叫猹的动物就给我们留下了极其深刻的印象。但其实这个字完全是鲁迅自创的，在他写《故乡》之前是没有这个字的。

啊，难怪自己去动物园的时候，从来没有见过这种叫"猹"的动物。

鲁迅在发表《故乡》之后，很多人问他猹是什么，他说：我也没想好猹是个啥。

后来编写《辞海》的舒新城实在是查不到"猹"这个字，于是就写信问鲁迅，鲁迅才坦诚地说："'猹'是我据乡下人所说的声音，生造出来的，读如'查'。但我自己也不知道究竟是怎样的动物。"

现在大家去网上和字典上查"猹"这个字，给出的解释也是：猹，鲁迅小说《故乡》中出现的一种动物。

那么问题来了，猹在叫"猹"之前叫啥？

我们仔细观察会发现，这两个视频在本质上的差别其实并不大——它们都不是我自己的内容，我几乎没有任何观点输出，只是在做一个信息的传递者。这种内容创作方向，本身就是奔着播放量与数据去的，不是涨粉内容，因为用户的关注重点往往都会放在信息本身上。但是，为什么会有这样明显的涨粉差距呢？因为传递方式和呈现形式的不同。回看涨粉率高的那个视频，我发现有好多评论都说：喜欢你读这些句子时的状态。

是的，读句子的那个视频，我表情投入，状态痴迷，看上去似乎是完全沉醉于这些句子当中的。这种形象是受人喜爱的，因为我用这种呈现方式与表演做到了"情绪感染"，影响了我的受众。那可能有朋友就会说：既然如此，那这就是你表演得好，其实文案一般喽？

我亲爱的创作者朋友，自媒体是多个创意元素的结合，是对用户多层次的感官刺激，如果只是表演好，文案内容空无一物，你觉得有可能得到认同吗？虽然如你所见，这个视频似乎只有一句话是我的原创：

你一定会喜欢的，她的句子美得干净利落。

但我把它放在开头，用一句话赋予了接下来那些零散内容一个完整的主题，同时引起了用户好奇。这个好奇的引发其实也很简单，无他，文字技巧尔。

我说：*你一定会喜欢的。*

但偏不说：*你可能会喜欢的。*

我说：*她的句子。*

你想：*"她"是谁？*

很明显，第二种表达其实更为准确，但它没有让用户产生情绪。"你一定会喜欢的。"用户的心理是：真的吗？我不信，我倒要看看你会玩什么花样。看完之后必然出现以下两种心态：哇！真的好美，我好喜欢；喊，不过如此，也就一般嘛。

我不管用户看完之后会怎么想，反正我就改了一个副词，让一些原本看都不会看的人看完了；我就用了一个人称代词，我的完播率就上去了。同时也让一些原本就喜欢这些句子的人认可我了。怎么算，我都赚了。

再来看我选的四个句子：都是相对而言大众比较熟悉但或许不知道出处的，同时这四句话可以满足不同的人性需求。换句话说，我在句子的选择上煞费苦心，尽可能多地满足人性需求。什么叫"人性需求"？就是人类的原始欲望和本能。

1. 流言又让你低迷了吗？我怎么没听到半句？若非耳聋，就是流言的姿势太低，穿过脚指头而已。

可以看到这句话传达的态度高傲，很跩。试问，谁没有在某一刻渴望自己有这样高傲洒脱的姿态呢？这句话正是在满足人类对自由的原始渴求，唤醒人性深层的叛逆因子。

2. 如果问我思念多重，不重的，像一座秋山的落叶。

每个人都有一些难以忘记的人或事吧？这句话，目的是让人共情，那什么样的人会对此共情呢？有回忆有相思之情的人。那这些人有多少呢？许多许多。

3. 这是我最欢喜的独处时刻，没人认识我，我不必理会谁，自世俗的胶着状态抽离而去，进入飘荡程序：微喜、微晃、微微苏醒。

这样的时刻每个人偶尔都会想拥有：不再被世俗的人情世故所累，暂停社交，暂停经营一些复杂的人际关系。你有过这样的时刻吗？不必告诉我答案。这句话所营造的意境，很明显，准确地描述了现代生活中的人们在疲惫时刻的感受，会让很多"都市打工人"共情。这个群体的人有多少呢？不计其数。

4. 今晨醒时，见到浑圆的日，其实是被日惊醒。真喜欢这种感觉，仿佛有个爱你的人，一早等在窗外，不敢贸然叫醒你，只好红着脸等着。

这段话戳到了什么点呢？想必我都不必多加解释了——爱，人人渴求的爱。

好了，细细解析到这里，这个视频相对其余视频为何涨粉率更高，你肯定明白了。那另外一个视频的涨粉率为什么这么低呢？跟我继续一起看那个视频：几乎没有人会通过视频注意到我这个创作者，基本都只会注意我传递的内容。但是内容的话题度还是很高的，会让人很有分享欲，可以看到这个视频的转发量和评论区 @ 量都比较高，所以这个视频数据整体其实并不算差，它只是涨粉率不高而已。不过这一点我在发视频之前就知道了，所以这份数据在我的意料之中。这种类型的内容本身关注率就不可能太高，因为创作者本身在这个视频里起到的作用太小了，只是一个信息传递中介而已，当然不会引起用户的注意，而不引起用户的注意自然也不会有太大的涨粉可能。说起来第三个视频让我有些惊讶，按常规逻辑来看它的涨粉率应该不会太高的，结果却出乎意料。

那这种意料之外的数据，就是我要留意的地方了。而刚才通过对评论的翻阅分析，我们已经知道了原因：沉醉式朗读的表演与呈现，增强了我在整个内容里的存在感，同时对用户做到了"情绪感染"，用户关注我的可能性会更大。

因此现在我们是不是可以继续出这种沉醉式朗读句子的视频，选句子时注意受众广度，尝试尽可能多地刺激到用户不同的痛点和爽点？

好了，分析到这里，我们是不是仅通过简单的信息采集和数据分析，就得到了"出爆款的答案"？不过这只是小试牛刀，先别得意，文案之路道阻且长，让我们继续挖掘潜藏在数据之中的秘密。

接下来的几个问题，我就不一一分析了，但会把我的数据分析公式给大家。

针对的问题	数据分析类型	计算公式
1	涨粉率	7 日单视频粉丝增量 /7 日单视频播放量 ×100%
2	点赞率	7 日单视频点赞量 /7 日单视频播放量 ×100%
3	话题度	7 日单视频评论量 /7 日单视频播放量 ×100%
4	分享率	（7 日单视频转发量 +7 日单视频评论 @ 量）/7 日单视频播放量 ×100%
5	完播均率	7 个总时长相似的视频的 7 日完播率的平均值

这个表格里，大家可能会觉得完播均率的数据分析方式很难理解。

完播均率这个数据分析方式完全是我自己创造的。一般来说，我们在创作者中心其实是可以直接看到完播率的，包括完播率的动态曲线图。后来发现，完播率很重要，一般完播率高的视频，流量的上涨速度都会很快。既然这直接关系到了流量的推送，其重要性不言而喻。但是，我们除了在分发之后看看它，然后总结一句：哦，原来这个视频完播率这么高 / 低，难怪数据好 / 差——除此之外，就完全不知道怎么利用它了，很难用它去辅助我们的内容创作。于是我通过一系列的"创作实验"，总结出了"完播均率"这个新数据。

做过自媒体的创作者一般都清楚"完播率"的计算方式：

用户完播人次 / 播放量 ×100%

完播率一般不需要大家自己算，平台会直接提供。这个数据往往跟内容好坏与视频总时长同时关联。有的视频内容不怎么样，但胜在极短，所以它的完播率从数据上来看一般比较高。有的内容很有深度，但一般有深度的好内容就需要创作者花更多的时间去讲解，所以时长就上去了，而视频太长又决定了很少有观众能有耐心看完，所以它的完播率从数据上来看一般都比较低。

这两种情况，就是我们作为创作者会经常遇到的。那我们到底要注重内容价值还是时长呢？这似乎很让人纠结，我相信现在很多创作者都在这种纠结之中挣扎。必然地，内容深度与作品时长，我们要在这两者之间去找到一个平衡点。那么要如何找呢？"完播均率"就是帮我们寻找这个平衡点的工具。我创造这个数据类型的价值就是帮我们做取舍，帮我们在内容深度与时长之间做出最科学理性的平衡。

作为一个自媒体创作者，我们更新的内容往往不是杂乱无章的。每个博主在开始更新自己的内容之前都应该想好自己主攻的"赛道"，是做美妆、历史、健身、美食还是泛知识类的博主？选好赛道也就选好了自己今后的内容方向。比如我就是泛知识类的博主，分享一些好书、好句，或者其他的零碎知识。但想好这些，充其量也就算刚刚想好自己要做什么账号。真正想要开始做内容，还得去想"主题"。我们可以把"主题"简单理解成"合集"或者"系列"。比如分享好句，我就专门有一个"看到就会连滚带爬做摘抄的句子"合集，这个合集里每项内容要以什么样的形式呈现？时长控制在多少？文案以什么样的框架去写？视频的开头和结尾要不要统一？甚至字幕要用什么样的字体都需要提前想清楚，随后统一。那这些细节性的东西我们要怎么去确定呢？难道就全凭心情吗？那未免草率了。我们需要想出几个好的方案，然后去测试。测出的最佳方案，就是我们将要长期更新的新的"爆款系列"。

我对于新主题的制作流程和完播均率的计算是这样的：

1. 头脑风暴，想出一个合格的尽可能有创意的主题。具体怎么样才算是一个合格的主题，我会在后文跟大家分享。

2. 思考这个主题的表演和呈现方式。

3. 撰写该主题之下的文案，推敲出两三个不错的文案框架。文案框架大家可以理解成大纲,但是比传统的大纲更细一点。比如传统的大纲会写:"第一段举例子带入场景,概括主题。"这个文案框架就应该写:"第一段写三句:第一句描述生活场景,击中大群体痛点;第二句进一步描述场景,带入更广泛的现象,点破用户真实感受;第三句给出痛点的解决方案并顺势引出主题。整段控制在85字以内。"

4. 运用已确定好的两三个文案框架,每个框架撰写7条字数差不多的文案。

5. 拍摄并发布。

6. 筛选出最近7条主题一致、总时长也差不多的视频。比如我在"看到就会连滚带爬做摘抄的句子"这个主题之下理出一个固定的呈现方式,并且有确定的文案框架,那我最近7条视频都是用这个文案框架撰写并发布的,所以这7条视频在时长上、内容上基本没什么区别,它们的时长误差不超过5秒,比如这个视频是55秒,另外的视频最好不要短于50秒或长于60秒。

7. 选出这7个视频之后,我们在创作者中心找出它们的完播率数据,计算出它们在发布7天之后的完播率平均值。一般我们在创作者中心看到的数据都是下方这样的曲线图。

8. 对它们发布 7 日的完播率取一个平均值。比如，我们根据这张图就可以算出完播率平均值是22.35%，大家先记住它。然后我们再去计算另外 6个视频的完播率平均值，前后一共会得到 7 个数值。在这里我会给大家看一组我自己曾经测试过的一个系列的计算结果，如下表。

作品	作品时长	作品 7 日完播率平均值
作品 1	53 秒	22.3%
作品 2	55 秒	18.2%
作品 3	50 秒	24.3%
作品 4	59 秒	15.1%
作品 5	60 秒	13.7%
作品 6	54 秒	17.4%
作品 7	55 秒	18.6%

现在我们看着这张表来思考一下。我们先看时长最长的作品：时长 60 秒、7 日完播均率 13.7%。再来看时长最短的作品：时长 50 秒、7 日完播均率24.3%。再计算出这 7 个作品的平均时长为 55 秒，7 个作品的 7 日完播率平均值的平均值是 18.5%。这个数据，就是我们想要的完播均率。

不知道大家现在对这几个数据怎么看。

在同一主题，内容呈现和表演都相似的情况下，作品时长仅仅相差 10 秒，它的完播均率就有几乎成倍的变化。那我们要怎么样去做取舍？完播均率就是帮我们平衡的工具。在这种情况下，我们当然是选择以后把这个主题的视频时长都控制在 55 秒左右。不过舍弃四五秒的内容，对内容的价值和深度都不会有太大的影响，但是却能大幅度提高完播率，这难道不就是最有利的选择吗？既能保持一定的作品深度，又能使它的完播率处在一个合理的范围。

当然了，这只是我对完播均率使用方法的一个简单示范。其实涨粉率、点赞率、话题度、分享率、完播均率，它们各有各的用途，都能帮助我们分析出已发视频的优势与缺陷，指引我们未来的创作。只要我们愿意深挖、有耐心去做，数据藏着的就是爆款密码。而且大家会发现，通过这个方式做出爆款，心里会特别踏实，因为你对自己的作品心里有数。它是怎么提升的，它是怎么成为爆款的，它的缺陷在哪里，你都知道。所以你不会有江郎才尽的困扰，也没有一夜爆火脚踩浮云的飘飘然，你清楚自己是怎么火的，你的每一步都走得脚踏实地。

按这种方式，你做任何一个平台都可以，即使它们的用户标签不一样、平台生态不一样，但是你作为一个内容创作者，你的创作逻辑永远一样。

我列举的五个数据分析公式是一套最基础的分析体系，虽然是最简单也是最常见的，但是已经对我有很大的帮助了。创作者中心还有更多的数据，大家可以再仔细思考思考，甚至创造出自己的数据分析方式来辅助自己的创作。

马上打开你的创作者中心，去搜集、观察、分析你的数据。用作品数据指导内容创作，用创作搜集数据，如此良性循环，不断地帮助你进步，相信我，这比随便对着一个空白文档猜测用户的想法、模仿其他博主来得更踏实可靠。

好了，你看，现在我们是不是已经用"数据"解决了我在本书最开始提出的那个大难题了？不知道你还记得吗？

"因为认知差异，我们难以准确揣测用户的想法，猜测他们的日常生活，挖掘他们的痛点……我们只能是一类人，无法真正地做到换位思考，无法准确地猜测用户的想法……"

现在我们不用猜了，我们用数据抹平了认知差异！我们解决了运用用户思维的关键难点！

三、能力问题：借力

但是我们还有一个难题没解决：

"即使你幸运地知道了用户到底想了解什么、喜欢什么、对什么感兴趣，但是你创作能力有限，知识储备有限，你写不出他们喜欢的东西。"

这说难也不难，因为归根结底不过是能力问题，而能力问题归根结底还是时间问题。但说简单也不简单，因为时间问题本身就是个大问题——时间是固定且有限的消耗品，我们无法在短时间内弥补自己的能力短板，但又需要在短时间内做成需要用更高阶段的能力才能做成的事情，怎么办呢？

这个问题我并没有思考多久，因为我很快找到了方法。我现在要提前跟大家说一下：这个方法不完美，但是有用。

当然，这足够了。

"如果一件事我们自己力所不能及，那么我们是否可以借别人的力？"

　　这就是我思考这个问题时的第一想法。那么我们要如何借力呢？别人又凭什么借力给我们呢？相信你在现实生活中肯定会遇到这样的人：他们本身具备一些经验，喜欢以过来人的姿态"好为人师"，而偏偏有时候他们给你讲的东西还真有点作用。

　　我有一个合伙人，我和他刚合作不久，他喜欢跟我说一些有的没的。有一段时间，我正满足于自己当下的状态，固步自封。有一天我跟他闲聊，他说的一段话引起了我的注意，那段话在后来很长一段时间内被我写在我室内的白板上以作提示："其实你现在的优势，不是你的才华和能力，而是你的年龄。你取得的成就之所以显得珍贵，是因为你现在足够年轻，你在 20 岁干成了别人在 28 岁才能干成的事情，所以别人会觉得你有潜力，愿意高看你一眼，愿意支持你。年龄和成就的不对等让你显得独特，让你具备了某种特权，行事方便。倘若你安于现状，固步自封，等到 30 岁能拿出来看的还是目前这些成绩，你以为你的待遇还会和现在一般吗？"这是他的无心之言，他至今仍不知道这句话对我的影响，也不知道我把它写在了我家的白板上面。但是你看，他对我有用。

　　生活中，每个人其实都会有向外输出自我力量的时刻，而其中有些力量又恰好能在合适的时机帮到合适的人。那么我们思考一下：我们是否可以找到一个能聚集一堆这样热爱无条件向外输出自我力量的人的平台，让他们尽情地无意识地输出自己的力量，我们在对其进行筛选后为己所用，从而弥补我们不同的能力缺陷？

答案是肯定的。倘若你足够聪明，现在心里也该有了答案，清楚应该去哪里找到这群人——社交平台。

我们在社交平台上看到的所有信息，都是某个具体的人在向外输出自己的力量，而我们作为创作者，要做的不过是筛选，发现哪些力量、哪些信息对我们是有用的。

你看，多简单，我们只需要做筛选。

具体如何筛选我不多说，每个创作者都应该有自己的方法，最笨的方法也无非是每日随缘看、随缘挑。我们应该把关注的重点放在另一个地方：我们要如何运用这些信息？

关于这些信息的运用存在很多技巧，如果详细说，那这就变成一本信息搜索与整理运用的书了，所以我就不跟大家一一列举了，没有必要。这本书还是会把重点放在写好文案上面，会介绍一些技巧，但更多的会是技法之外、套路之外的东西。还是那句话，我们要学习的是创造套路的套路，较战术而言，本书更注重策略。

那么现在我简单地给大家举一个例子，相信你会有一些启发。我的意思是：开发出你自己的套路。

请看这三个词：博闻强识、博闻强记、博闻强志。

请你用这三个词写出一个小故事，可以停下来思考三分钟，实在想不到的话再往下看。

好了，三分钟已过，不知道你的故事写得如

何？给你看看我当时写的，嗯，让我们开心地写故事吧。

我曾当众羞辱过我的老师，这件事对我的影响非常之大。高中的时候，有一次，我们的语文老师讲一篇课文，给我们拓展了一个课外成语并顺手在黑板上写了下来，写的是：博闻强记。我一看，嘿，这词我知道，老师写错了，应该写成"博闻强识"才对。这个成语出自《礼记》："博闻强识而让，敦善行而不怠，谓之君子。"最后那个字是一个通假字。然后你们知道我当时做了一件什么事情吗？我举手后傲慢地跟老师说：老师你写错了，最后一个字是通假字，你不会不知道吧？老师笑了笑，没说啥。下课后，她把我叫到办公室，原以为她会批评我当众让她难堪，结果她特别温柔地跟我说：其实两个词都是对的，博闻强识、博闻强记，甚至还有一个博闻强志，这三个词都有，甚至意思都相同。是的，其实是我的问题，是我的知识面太窄了。可笑我还沾沾自喜地想要指正别人！而老师为了照顾我那颗尖锐敏感的心，选择了委屈自己。

那天过后，我整个人就不再那么尖锐了，哪怕有人真的错了，我也会找更好的方式、更照顾他人情绪的方式告知对方。至今仍然十分感激那位老师，她真的是一个非常温厚的人，让我真切地感受到了教育的无声灌溉，也让我开始试着温厚地对待这个世界的人和事。

好了，不知道大家觉得如何？可以尽情评价！当然了，倘若你不评价我，我自己也是要来做评价的。但毕竟这是我刚写的故事，评价过高未免会显得我过于自满。因此，自夸环节我就跳过了，让我直接来讲讲这个故事的缺陷。

1. 故事本身的情节设置和背景没什么大问题，但是会引起争议。比如：这个老师凭什么不在课堂上当众把这个知识说出来，下课单独给"我"讲，那其他同学不就没学到吗？

2. "我"这个角色不讨喜，甚至惹人讨厌，这对于我们做自媒体而言不是一个好的 IP 形象。

既然是缺陷，那就需要改进，可是改进之前，我们是不是应该先确定，这些所谓的"缺陷"对于我们内容创作者而言，到底是好是坏呢？如果是对我们流量有益处的缺陷，留着又有何妨呢？

我认为第一个缺陷，可以留着。因为它虽然会引起争议，会让人质疑，但是用户对故事本身的逻辑找不出什么毛病，只是会让他们对故事情节和角色本身的行为产生疑惑和讨论而已。这种疑惑和讨论反而会让我们的作品流量更大，难道不是吗？有争议就有讨论，有讨论就有热度啊！所以我以为，第一个缺陷，我们可以不改，放着。

那第二个缺陷呢？必须改，一切有损 IP 塑造、不利于塑造良好 IP 的内容，都要改。我们要记住：做 IP 很简单，但是只有被人喜欢和信任的 IP 才值钱。

道理说来简单，跟做人一样，一个人的名声越好，就有越多的人尊重他，他是不是就越容易挣到钱？反之，一个臭名昭著的人是不是很难在社会上立足？网络这个"社会"亦然，和现实不同的是，网络上我们可以通过内容的展现，塑造一个"完美"的形象，隐藏对自己不利的"缺点"，而只展现优点。

这个故事里的"我"就是IP，但我们通过这个故事却能看到她的自负、尖锐、自满与低情商，这暴露了许多不讨喜的缺点，不好。当然了，我知道大家肯定会质疑：完美人设不是显得很不真实吗？有点小缺点不是显得更真实，和用户更亲近吗？我也这样觉得，但是请注意，你要暴露的是小缺点，不是讨人厌的臭毛病！讨人厌和小缺点之间有什么区别呢？虽然都是不足，但小缺点不伤害他人，不损害他人利益。自负尖锐这样的缺点就会伤害他人，让他人感到不舒服，所以这样的缺点不能存在。它在现实生活中会招人厌恶，而在网络世界则更会被放大甚至被抨击，要知道网友可都是用放大镜看人的！所以我们怎么能够让IP有这么大的讨人厌的缺点呢？要有也应该只是粗心马虎这样无伤大雅又呆萌可爱的小缺点呀！那么我们现在来改一改这个故事，让"我"不那么讨厌。

你有让你的老师下不来台的经历吗？我有。这件事对我的影响非常之大，直接改变了我的性格。高中的时候，有一次，我们的语文老师讲一篇课文，顺便给我们拓展了一个课外成语，并在黑板上写了下来，写的是：博闻强记。我一看，嘿，这词我知道啊，老师写错了，应该写成"博闻强识"才对。这个成语出自《礼记》："博闻强识而让，敦善行而不怠，谓之君子。"然后我一下子就激动了，因为我语文成绩一向不好，平时上课老师让小组讨论我都不太敢说话，那个时候我刚从乡下转学过来，其实是很不自信的，但是这个知识点我真的知道，我很有把握，加上性格原因，我其实是相当不甘落后的。于是我特别开心地举手，然后骄傲地跟老师说："老师你这个词写错啦，我知道这个词，它的最后一个字应该是通假字！"老师当时一愣，然后就笑了笑，把这个词改了。结果下课的时候，她叫我去办公室，我以为糟了，老师不会觉得我当众让她难堪了要批评我吧？结果她特地跟我说，其实两个词都是对的，博闻强识、博闻强记，甚至还有一个博闻强志，这三个词都有，甚至意思都相同。是的，其实是我的问题，是我的知识面太窄了，我还沾沾自喜地想要指正老师！但老师不愧是老师，她反而为了照顾我那颗尖锐敏感又骄傲的心而委屈自己，没有在课堂上指出我的错误。

那天过后，我整个人就不再那么尖锐了，哪怕有人真的错了，我也会找更好的方式、更照顾对方情绪的方式告知对方，就像当年那个老师照顾我的情绪一样。至今还是十分感激那位老师，她真的是一个非常温厚的人，让我真切地感受到了教育的无声灌溉，让我开始温厚地去对待这个世界的人和事。

现在我们可以看到，情节上几乎没做变化，我只是稍加修改，更改了一些形容词和台词，台词意思也跟之前的差不多，只不过语气不一样了。但这个故事里的"我"就瞬间不那么招人讨厌了，大部分人会觉得"我"是一个知错就改的好孩子。"我"有小缺点，但不让人讨厌。你看，好 IP 是不是需要下功夫？

故事到此为止，我们继续"借力"话题。不知大家听完我这个讲故事的例子有没有得到一点启发呢？那么现在能不能重新回答一下我在前面提出的问题："我们要如何运用这些信息？"

四、借力：创作者的良心

在刚才的整个故事创作过程中，我只是通过三个相似词语（其实是一个成语的不同写法）的信息结合"当下的现实状况"，就创作出了一条内容，而三个词语的信息我从何而来？或许我只是在网上看到一条评论，有一名网友帮另一名网友纠正他的用词错误？事实也的确如此。那你看，当时讨论这个话题的网友知道我借助了他们的力量吗？不知道。那他们对我有用吗？成品都出来了，大家说有没有用？那么现在我是不是就已经通过借助他人的力量，创作出了自己的内容？

那大家有没有根据我刚才提供的信息创作出自己的内容呢？如果有，那太棒了！我也只是提供了三个词语的信息而已，但大家却写出了一个自己的故事！

当然了，我说的借力自然也不仅是借力来写故事。这只是我举的一个例子，为了启发大家而已。那现在我们继续思考：是不是可以在网上看到别人的观点，然后结合自己的实际生活获得新的启发，把它写出来？哦，对了，这里请注意，是要输出自己获得的启发，不是别人的！不要抄袭、洗稿，甚至照搬别人的观点。就算你的认知达不到发表像他人那种深度内容的地步，但是他的内容给了你启发，你也可以就此说说他的内容对你的启发啊！在这里有一点要跟大家再三强调，不然我很担心有些朋友一不小心就走了歪路！请记住：我们是在借力，就像诸葛亮巧借东风或者太极、咏春里面的借力打力那般，但作为创作者，原创是支持大家走长走远的唯一路径，万万不可借力了还说这力是自己的！我们借助风的力量飞向高处，但我们不能说风是自己创造的！倘若如此，就实在有悖于我们的创作初衷了。

我们从"老师"那里学到了知识，然后使用学到的知识创造出了新的东西。总归来说，我们是站在巨人的肩膀上。我们学了一个三角形具有稳定性的知识，做出了一把好用的梯子，来到另一个知识贫瘠的岛屿，那里的人不知道三角形具有稳定性，他们喜欢你用此原理做出的梯子，你可以说梯子是用这个原理制作的，梯子是你的成果，但你不能说三角形具有稳定性这个知识点是你创造的，它也是你的成果。

这是不对的。

理解原创与抄袭的尺度与边界，保持对知识的敬畏——请做好这两点，再开启你的创作之路。不然，你的创作之路会越走越歪，失去一个创作者的良心。

好了，那么到这里，大家应该已经大致懂得如何"借力"了，其实有点让网友帮我们找灵感的意思，只是大家之前可能从来没有仔细留心过这个途径。看到这里大家能有这么个意识就行了。为了检测大家对我这块内容的理解程度，还烦请大家回答我几个问题：

1. 如果你是一个读书博主，应该常去什么平台借力？

2. 在这些平台浏览时怎么能让自己更快获取到想要的信息？

3. 在毫无灵感但又需要新内容之时，应该重点留意什么样的信息？

去知乎、哔哩哔哩、书法诗词 App 及文化类公众号等你能想到的所有跟读书相关的平台去借力。如果你自己预先已经有了一些创作思路，那么就去这些地方搜索相关的关键词，看看网友提供的信息，包括他们的评论。毫无灵感时就随便在这些平台浏览，但是要重点留意高赞、高评论的高热度内容，留意热门评论和"打架评论"，也就是那些有争议性的评论，因为网友会因为那些评论吵起来，说明那些评论就是很好的争议性选题角度。

为了加深大家对"借力"的理解，我在这里再讲几个例子。

某一天，一个非常喜欢看网络小说的朋友给我发了一个帖子，我翻了一下，发现其中一个网友的评论是："其实名著也挺好看的，《重生之怎么又投胎成了畜生》，怎么样？"楼下一个网友继续回复："《生死疲劳》，救命！怎么突然想看了！"看到这两个评论，我觉得非常有意思，于是想出一个选题"用网文的方式给名著命名，你能猜到几个？"，当天就写了一篇短视频文案并拍成视频发布了，数据非常好，在全网至少有 1000 万播放量，让我又涨了一些粉丝。

偶然看到一个帖子，名著如果用网文的方式打开你能知道几个？大家快来猜猜看吧！

1.《我成了三千弟子爱慕的师尊》——《论语》

2.《总有反派想抢我师尊》——《西游记》

3.《病美人被接回豪门后》——《红楼梦》

4.《三婚后，我爱上了死对头》——《飘》

5.《我在荒岛求生的那些年》——《鲁滨孙漂流记》

6.《变成人类世界唯一的虫族后》——《变形记》

7.《白月光结婚后我成了亿万富翁》——《了不起的盖茨比》

8.《带球跑后我给他寄了封遗书》——《一个陌生女人的来信》

9.《变成交际花后我在巴黎爆红了》——《茶花女》

10.《日本海王，娶了小妈的替身》——《源氏物语》

你猜对了几个呢？评论区告诉我吧~

实不相瞒，这个视频火了之后，我打算乘胜追击，把它做成一个合集，就又写了几个同选题文案。

1.《从学校辞职后，我变成了人生赢家》——《简·爱》

2.《非人类美女都爱穷书生》——《聊斋志异》

3.《我想要两个玫瑰般的老婆》——《红玫瑰与白玫瑰》

4.《被迫卧底后我成了反派掌心宠》——
《色·戒》

5.《我与鲨鱼搏斗的那些日子》——《老人与海》

6.《异界穿越之我只是追了只兔子》——《爱丽丝漫游仙境》

7.《108男团》——《水浒传》

但这个同选题的文案却并没有拍成视频，因为我突然不想要这个流量了。

是不是很奇怪？其实最开始做这个选题是一时兴起，无意间看到这样一个帖子然后想分享，但发布完了，流量过去，冷静下来的我后悔了。

为什么呢？

我问你，如果你是喜欢看书的人，在网上看到这种调侃经典文学的内容会不会不舒服，甚至感到气愤？我相信肯定有人会的。我冷静下来后，也觉得这有点亵渎经典了。

事实证明，我当时不继续做这个选题是对的，因为我……被骂了！

评论区有相当一部分人觉得这是一种对经典文学的肤浅化，会让别人产生误解。所以，"做内容要谨慎"这句话不是说说而已，创作者们要把这句话刻进心里。而从我后面停止操作这个选题也可以看出，大多数时候，作品在发布之前会不会被很多人喷，创作者心里其实也是有数的。

那为什么网上还是有那么多一看就三观不正容易被喷的作品呢？因为有些创作者不在乎，他们宁愿被骂也要那份热度。在此我只想对创作新手说，除非你完全做好了心理准备，不然不建议尝试。

我讲这部分内容，主要是为了说明如何借力。我那个视频虽然产生了负面影响，但确实是借了名著的力。

你再想想，如果你骂我，能够骂出观点、骂出逻辑、骂出精彩，你是不是也从我身上借力了呢？

比如，我在发那个调侃名著的视频后不久，就有另外一个博主在视频里提到了我的这个视频，她把自己的观点表达得非常精确全面，热度比我的原视频还要高！以下是她的视频文案：

最近有这样一件事让人挺费解的，椰子我不吐不快。

就是在小某书上，我经常能刷到这样一类名著避雷帖。比如：

《月亮与六便士》不就是一个渣男抛妻弃子还横刀夺爱的故事吗？简直踩了大雷，千万别看！

《简·爱》不就是一个女主逆袭加追妻火葬场的大叔文吗？女主还有点恋爱脑呢，避雷了。

甚至连写出豆瓣 9.4 分神作《活着》的作者余华也难逃此劫。有人发文称自己看了余华写的《兄弟》快要被气死了，因为情节太虐了，大家一定要避雷。

余华的书啊！"好完美一男的""梦女""软弱小天使""避雷"这种一般只会用于形容晋江网文的词和余华的严肃作品摆在一起，未免让人觉得有点出戏。

评论区里有人建议让余华以后标雷点，比如《活着》："非双处，后期 1V1、BE、有刀慎入。"

有人觉得不可理喻，余华想过被人黑的10086个点，唯独没想过还有这个角度，有人忍不住发出哀鸣：救救文学吧。

这个时代，越来越多的人经常在读完某些名著后惊呼毁三观。片面肤浅地解读人物，给作品贴上简单的非黑即白的标签，然后站在道德制高点上批判作者。

我之前看过一个帖子，用网文的方式来概括名著，把我给看笑了，《我成了三千弟子爱慕的师尊》，你猜猜是什么书？是《论语》。《总有反派想抢我师尊》是《西游记》，《病美人被接回豪门后》是《红楼梦》，《三婚后，我爱上了死对头》是《飘》，《白月光结婚后我成了亿万富翁》是《了不起的盖茨比》，《带球跑后我给他寄了封遗书》是《一个陌生女人的来信》，《日本海王，娶了小妈的替身》是《源氏物语》。服了，所有经典名著都可以用网文的方式来解读，贴上狗血吸睛的标签，却消解了原著的深刻寓意。

还有这样一群"三观党"，喜欢化身为道德法官，对着文艺作品里的人物进行审判。他们只喜欢看"双洁"，也就是男女双方从感情到身体都纯洁。

"1V1""HE""甜宠"，并用网文的这套逻辑去审视严肃文学。比如看《红楼梦》，弹幕里吵翻了天，生性多情的贾宝玉被批成中央空调渣男，而他对仕途名利的厌恶也被说成不求上进，不知道要追求经济独立才能保护好女孩子吗？多愁善感、孤傲脆弱的林黛玉被骂了几十集的"作精"。稳重端庄、温柔懂事的薛宝钗则变成了绿茶心机女。

可歌可泣的史诗级电影《泰坦尼克号》里面，不仅有生死相随的爱情，还有机缘巧合下的灵魂救赎，以及面对灾难时人性的卑劣与高尚。而在"三观党"看来，这变成了一个简单的偷情故事，眼里就只有给了未婚妻家10万彩礼，她却和别的男人做出如此苟且之事这种剧情。

看《包法利夫人》，他们只看出了这是一个爱慕虚荣的白穷美的故事，却看不出个中缘由是当时的时代背景是资本主义蓬勃发展，女主角无法接受现实与幻想的残酷落差。

看《雷雨》，他们只看出了毁三观教坏小孩，却看不出这是一个时代的悲剧，反映了当时社会的缩影。

这群"三观党"仿佛觉得自己的三观特正，总是喜欢站在自己的角度给严肃文学中的人物扣帽子，抨击。但世界真的不是非黑即白的，也不是扁平化的。雨果说过的一段话很有道理："丑就在美的旁边，畸形靠近着优美，丑怪藏在崇高的背后，恶与善并存，黑暗与光明相共。"

那些长久流传的文学作品，一般都能展现出波澜壮阔的史诗画卷，或者深刻复杂的人性本质。别总用看甜宠网文的那套逻辑去看严肃文学，幻想着要给古人上思想品德课，好吗？

在这个算法时代，很多人其实在不自知的情况下陷入了"信息茧房"效应。

王小波就写过这样一个故事，有个国家叫"花喇子模"，国王做了一道这样的规定：凡是给他带来好消息的信使就会得到提升，凡是给他带来坏消息的信使就要被送去喂老虎。

这个国王天真地以为：奖励带来好消息的人，就能鼓励好消息的到来；处罚带来坏消息的人，就能根绝坏消息。久而久之，信使们为了不送命，纷纷编造出各种好消息，这样国王就只能听到好消息了。

哈佛大学教授提出的信息茧房效应跟这个故事有异曲同工之妙。如果一个人只关注自己选择的领域，或者只关注使自己愉悦舒服的东西，久而久之，就会像蚕一样将自己桎梏于自我编织的茧房之中，从而丧失全面看待事物的能力。那些看惯了"双洁""HE"网文，觉得经典文学处处都毁三观、需要避雷的人，就是陷入了信息茧房之中，总是沉浸在自己眼中那小小的一方天地里，不肯出来。这只会导致一个人更加封闭、自我、无知、偏执、傲慢。

就像蔡康永所说："如果你只看合乎自己口味的书，那你永远就只能知道你已经知道的事。如果你想得到一些从来没得到过的东西，那么你就得去做一些从没做过的事。"读书其实就是一个打开眼界、消除狭隘与偏见的过程，而不是化书为牢、困住自己的过程。

别忙着批判严肃文学人物的三观，忙着警告其他读者快避雷了，这个世界比你想象中复杂得多。

一条建议就是，如果可以先读经典文学，再读那些流行网文，会让你阅读的门槛更高，过程更顺畅。

博主"冰蛇陛下"曾提到过一个不好好养成阅读习惯会导致的后遗症。他说，先读的《红楼梦》《悲惨世界》、《安娜·卡列尼娜》、"三言二拍"，习惯了这些东西再读网文，可能最大的问题也就是欣赏水平高，受不了那些错误的语句和拖沓的写法，对网文比较挑。但如果反过来，不接触经典名著，先接触网文，读惯了宅斗文，再去读《红楼梦》，绝大部分是看不下去的；读惯了龙傲天，再看《安娜·卡列尼娜》，除了绿帽子什么也看不到。

我们为什么要多读经典？先读经典，所谓"典"，就是经过时间的筛选和淘汰后，仍然在当前和未来有阅读价值的书。

一部经典作品往往包含了某种接近事物本质的东西，会让你每次读都有不同的启发。研读经典可以让你摆脱心智的平庸和不自由，把你从庸俗的日常中拯救出来。当你在各个领域中疯狂阅读，拼命成长；当你的知识密度越来越高，眼界越来越广，你会看到不一样的天空。

共勉。

你看，这是不是一个从我这里借力的文案呢？借力，你可以转述别人的观点后再表达自己的想法，也可以针对别人的想法延伸自己的观点。用"旧的"做点"新的"，就是借力。

又某一天，我翻了翻平时随手记录的经典语录，就是从看的书里摘抄的各种金句，但是那天，我发现自己居然忘记标记句子出处了，于是我就去网上搜，我收集的那些句子的出处是什么，结果我发现百度上有很多人都很喜欢搜出处。于是，又诞生了一个选题："一句话猜一本书"。这句话不一定非得出自那本书，比如"满地都是六便士，他却抬头看见了月亮"这句话就不是出自《月亮与六便士》这本书，但只要说出这句话，大家就会想起这本书。

1. 满地都是六便士，他却抬头看见了月亮。——《月亮与六便士》

2. 为你，千千万万遍。——《追风筝的人》

3. 我这辈子最遗憾的事，就是推我下地狱的人，也曾带我上天堂。——《色·戒》

4. 胆小鬼连幸福都害怕，遇到棉花都会受伤。——《人间失格》

5. 十三，失散。程霜，成双。两代人终归失散，一个人心念成双。——《云边有个小卖部》

6. 生存还是毁灭，这是一个值得思考的问题。——《哈姆雷特》

7. 人类的全部智慧都包含在两个词中——等待与希望。——《基督山伯爵》

8. 她那时候还太年轻，不知道所有命运赠送的礼物，早已在暗中标好了价格。——《断头皇后》

9. 一个人如果遭到大家嫌弃，多半是自己不好。——《名利场》

10. 如果我真的存在，也是因为你需要我。——《摆渡人》

11. 世界上一些好的东西对于我们，除了拿来使用之外，没有别的好处。——《鲁滨孙漂流记》

12. 一个人并不是生来要被打败的，你尽可以把他消灭掉，可就是打不败他。——《老人与海》

13. 幸福的家庭是相似的，不幸的家庭各有各的不同。——《安娜·卡列尼娜》

14. 我从没有爱过这世界，它对我也一样。——

《拜伦诗选》

15. 对于有信仰的人，死是永生之门。——《失乐园》

16. 认识自己的无知是认识世界的最可靠的方法。——《蒙田随笔》

这个视频发布之后，我发现数据非常可观，于是我认为这种内容互动性很强，可以继续做下去。"一句话认识一个哲学家""一句话猜一部电影""一句话猜一个作家"……就这样，我可以做好多期视频了。

又又某一天，我刷抖音看到一个营销号说"慈禧穿过匡威"，我很震惊，好奇是不是真的，于是去网上搜索了。当然，经过查验发现慈禧应该是没有穿过匡威的，但那个营销号为什么这么说呢？因为慈禧太后死的那一年和匡威公司成立的那一年，是同一年。我寻思这很有意思，又产生了一个选题——"历史上那些匪夷所思的巧合"。确定选题之后，立马搜集素材开始写文案，于是又一个爆款内容产生了。

把中国历史和世界历史串在一起之后，会有一种诡异的矛盾感！

就是让你大呼"哇，真的？！"的程度……

达·芬奇完成《蒙娜丽莎》的时候，我们写《西游记》的吴承恩也出生了。

诗人陆游去世的前一年，剑桥大学成立。

莎士比亚和写《牡丹亭》的作者汤显祖是同一年去世的。

牛顿是在康熙皇帝下葬后的第五年去世的。

英国伦敦地铁开通的时候，清朝的曾国藩正在率领湘军围攻太平天国，科举制还没有废除。并且当曾国藩和李鸿章设立江南机器制造总局时，诺基亚公司在芬兰成立。

爱因斯坦替中国共产党创始人之一的陈独秀求过情。1932 年 10 月，陈独秀被国民党逮捕，同年 12 月，爱因斯坦和居里夫人、杜威、罗素等人都给蒋介石去电，请求释放陈独秀，但是蒋介石没听。

华盛顿和乾隆是同一个时代的人，乾隆生于 1711 年，华盛顿生于 1732 年。

慈禧再多活两年就能穿上匡威了，因为匡威成立于 1908 年，而慈禧正好是 1908 年逝世。

光绪皇帝在时间线上是有机会玩任天堂的游戏的，因为光绪帝 1889 年亲政，同年，任天堂成立。

宋美龄或许看过《快乐大本营》，因为《快乐大本营》在 1997 年开播，而宋美龄在 2003 年才逝世。在她去世前，神舟五号已经带着杨利伟上了太空。

张学良有可能听过周杰伦的歌，张学良于 2001 年逝世，而周杰伦在 2000 年 11 月已经推出了第一张专辑《Jay》，理论上张学良听收音机时是可以听到华语流行乐的。

《傅雷家书》里面傅雷的儿子傅聪是感染新冠去世的。

史蒂芬·霍金，世界上最伟大的物理学家之一，在 2017 年 11 月 24 日发微博回复过明星王俊凯的一个提问。为什么我有一种两个世纪进行

了梦幻联动的感觉？不知道大家是不是跟我一样，越厉害的人我感觉他去世的时间越久。

还有什么让你觉得时空交错的事情，欢迎补充。

好了，我就不继续又又又某一天了。例子举到这里，相信大家已经对如何"借力"有概念了。我也只能帮到这里了，剩下的，就需要你自己去下功夫了。

五、文字创作的矫饰空间

前段时间我在哔哩哔哩发布的一个广告视频上了热门，然后我把广告部分剪掉，把它发到其他平台，数据也非常好，还给我涨了不少粉。我觉得那篇文案可以很好地给大家诠释"文字的矫饰空间"。以下是文案。当然，大家也可以看我哔哩哔哩账号（阿鱼爱学习本人）在 2022 年 9 月 1 日发布的视频。

因为在作文里撒的谎让全班深信不疑，我被富婆同学聘请为导游，但我不敢去。

这事儿需要从一项"亲访名人故居，触摸历史故事"的暑假作业说起。

老师要求在假期至少去一个名人故居或者博物馆，然后写一篇参观作文。

而我从未去过博物馆，假期一直在乡下生活，所以我就在作文里虚构了一个博物馆：

刚跨过第一道门，我就被镇住了。

一眼就看到了墙上的巨型人物画，那抹一字胡明显是名家笔法，画中人眼中的悲悯与坚定，与身上穿着的白色长袍融为一体。黑与白碰撞出来的不只是极致美学，更是硬核的文人风骨。只需要看一眼，鲁迅的形象就会焊入人心。

接下来我才发现，除了这面绘画墙和围在其后形成一个半环形的鲁迅生平信息展示墙，更引人注目的是大厅内的四扇拱形门，每扇门的背后都藏着一个封闭长廊。

我不自觉走进一扇粉色的门，才发现这道长廊里是鲁迅的感情线，详细到包含鲁迅在厦门大学任教时与许广平写下的《两地书》，300多封书信一一列举，原来他跟爱人问安时用的竟是小莲蓬、乖姑这般可爱的称呼。

而穿过这道封闭长廊后，我更是震惊不已，似乎是瞬间到达了另一方别院，转头竟不知自己从哪出来的，因为出口几乎完全被一棵枝繁叶茂的石榴树挡住了，而院子中间有块大石上赫然刻着三个大字——百草园。

以上就是我那篇作文关于博物馆环境描写的片段。基本上呢，我就是用这样的方式在作文里构建了一个我想象中的鲁迅博物馆。由于在博物馆环境描写的部分，我描述得有一点真实具体，还穿插了不少精确到年份的鲁迅名言和经历介绍，再加上全班没有一个人去过真的鲁迅博物馆，所以大家都信了我的鬼话，包括老师。

其实在作文里虚构很正常，很多人甚至给"陀思妥耶夫斯基"这种名字超级长的外国作家生造过"名言"。

尴尬就尴尬在我的这篇作文，当时被语文老师在课堂上读了出来，读完还说了一句："唉，感觉吴廷玉形容得还真的有点高级啊，就是在绍兴，离我们这太远了，不然有机会老师去看一下。"

更离谱的是，下课后，很多同学围着我，让我跟他们说鲁迅博物馆长什么样。

我看着他们亮晶晶的眼睛，告诉他们："就是课本里写的那个高大的皂荚树，你知道吧？它就在那个……"

没忍住，我又延续了作文里的谎言。

后来在我一次次关于鲁迅博物馆的杜撰当中，全班大部分同学，尤其是我的富婆同桌，一周零花钱一百元的那种，都特别想去鲁迅博物馆。我的同桌还攒了一个多月的钱，试图用金钱打动我，让我陪她去鲁迅博物馆。

我是这种人吗？最后肯定是没有去！不是因为我心虚啊，我就是怕戳破一个孩子的美梦。

但前几天我才知道，原来我给她造的梦她一直记在心里。

因为她真去了！

她还发消息问我为什么去的博物馆跟我以前描述的不一样。

虽然这件事情的发展出乎意料地"逗"，但现在想来其实有一点心酸。

当时要不是想去却没有机会去，怎么会花心思在作文里造这么一个博物馆呢？

"想象可以随时给生活增添色彩，但眼界只能在看到外面的世界后才能扩展。"

我刚毕业那阵，就是前几年我做编导的时候，去甘孜州丹巴县跟拍了一次公益援助活动。有个小孩看到我当时钥匙扣上的小恐龙，就过来问我："这个钥匙扣上，这个恐龙是霸王龙？"

我说："我不知道，这是我朋友送给我的。"

他眼睛亮晶晶的，跟我说："是的是的，肯定是的！你看霸王龙它的前肢特别小。你去过自贡吗？自贡有一个特别大的恐龙博物馆，我以后长大了一定会有机会去的！"

然后在我休息的时候，他就拿了一本恐龙的书给我看。很明显，那本书被他翻了无数次，都翻烂了。给我看书的时候，他一直在我旁边说，这次捐的书里面要是有恐龙的书就好了，因为这种书好像捐的时候会比较少。我当时就想："他要是去了恐龙博物馆，得高兴成什么样啊？"

在那之后，我就一直在各个平台关注各种捐书、捐衣服给有需要的孩子的公益活动。你们知道腾讯九九公益的小红花梦想活动吗？这个活动可以帮助乡村儿童实现探索博物馆的小梦想。用小红花，一块做好事。如果你也想给乡村的孩子们打开一扇窗，可以点击下方链接，捐出你手中的小红花，与我一起共同实现带1000名乡村儿童探索博物馆的公益梦想。赶快参与进来吧。

你看，我就是在作文里造了一个博物馆，光从这个文案你就能知道文字的矫饰空间有多大了。但是还不够，我现在还想继续戳破。

你是不是以为，写作文这件事是在我生活中真实发生过的？其实，这里面也有很多"创造"的成分。

作文是我在写这个文案的时候现写的。当时确实在作文里造了博物馆，老师信了我的作文这件事确实有，也的确有些同学信了，但没到全班都信的地步。但我早就忘了当时的作文写的是什么，所以只能现造。

到丹巴做公益确实是我刚毕业那段时间的工作经历，但恐龙小男孩不是在丹巴遇到的，是在我的老家遇到的远房亲戚家的小孩，他们家真的很穷，我后来带他去过博物馆，但去的不是自贡的。

你看，文字创作的矫饰空间就是这么大，虚虚实实。

你以为是真的，但永远不能确定到底是不是真的。

你只能看到创作的"真实"，而那不一定是现实。

更进一步，你又怎么确认，我刚才"打假"的那段话是否有虚构成分呢？

我的作品完成后是以视频的形式发布，由本人出镜讲述，但基于其不可查验性，受众无法确认事件是否真实发生过，更何况是看不出作者性别、长相、年龄的文字作品呢？它岂不是更加不可查验？

"你是创作者，你可以让用户只看到你想让他们看到的。"

有时候我们想通过作品表达某种思想，不一定非得讲真事不可，而是可以在一定范围内进行虚构。作品来源于生活，但是高于生活。如果你没有把这个思路打通，那么你的创作很容易变得狭隘，灵感很容易枯竭，毕竟我们都是普通人，过的是普通日子，很多时候，照实写自己的生活难免会显得枯燥。

　　我想这算是另一个维度的"善意的谎言"。

　　但是，我想强调一点：请创作者一定要保持创作良心！

　　我见过很多人用文字说谎、牟利，我想说的是：创作者们，请务必保持良心。你可以美化、夸张化、关联化，你可以利用文字的矫饰空间达成你的目的，但请记住：永远不要以此损害别人的利益，影响或者操控别人。

　　平时我们经常接到诈骗电话，网聊还有人设杀猪盘，自然也不排除有部分黑心创作者利用"文字的矫饰空间"来立人设圈钱！

　　前段时间，抖音等各个短视频平台不就刚封了一批炫富号吗？一群丧失良心的创作者拍不露脸的炫富视频让人觉得他们很有钱，骗得一批又一批人汇钱给他们，让他们帮忙投资，结果他们圈了一波钱就马上跑路。

　　昨天我朋友给我发了一条新闻：一男子利用自己身患癌症的老婆在网上卖惨，立的是不离不弃的深情老公人设，以此来直播带货。结果现实中他故意不带老婆看病，完全不照顾病患，病患躺在床上，后背生蛆了他都不管。钱是赚了不少，就是一分钱都没花在老婆身上。

因为没有良心，所以就算是成为创作者，也只会利用文字的矫饰空间损人利己。这样的人当然不配成为创作者！就算走上了这条路也迟早会被反噬！希望本书的读者能够在开启自己的创作之路前，先检查自己作为一个创作者的良心！只有善良的创作者才能在这条路上走得更远。

而且，现在平台对于内容创作的管理越来越规范，创作者应该遵守平台的相关规定，在需要时对虚构内容进行标注和说明。如果你的文案存在虚构，那么就算逻辑和故事再真实，发心再正，那也该避免以假乱真。可以在发布时带上"内容存在虚构，观众请勿当真"的声明，避免让观众产生误解。虚构的目的是为了让观众有身临其境的代入感，理解你想传递的核心。千万不要撒谎再撒谎，圆谎再圆谎。

在此也特别提醒大家，我们没有办法避免无良创作者进入网络，所以，即使你不想成为创作者，也一定要学会如何辨别作品内容的真假，不要轻信网上的内容！你要明白：由于网络作品本身的不可查验性，我们很难确定自己看到的是不是陷阱。不过也不要过于恐惧，不要因此错过那些好作品。只要记住：一切教你怎么挣钱的，都是想挣你的钱。这样你基本就能避免 99% 的坑了。

文案创作实用方法

一、六步法

上一节结束，大家现在对于如何运用用户思维进行文案创作已经有了清楚的认识了，但是对于文案小白来说，懂是懂了，具体写的时候应该还是不知道如何操作。所以这一章，目的是给大家一些运用用户思维撰写文案的具体指令，手把手地带着大家走好每一步，类似于一个完整清晰的流程图。我会给大家展现从搭建文案大纲到写出来的整个过程。

第一步：确定一个体量足够大的用户群体。

搞清楚你的文案想针对的是哪个人群，然后给他们贴上三五个明确的标签——文艺青年？学生？宝妈？男生？女生？高知分子？……接下来对这些标签做合并同类项或交集处理，思考这个人群在整个社会所占的比例有多大，能有多少体量。

请注意"体量"这个词，在这一步里，我们的目标就是考虑清楚我们文章的受众是否已经做到了群体精准、体量巨大。很多人写出来的文章为什么会没人看？因为在这一步就把群体找错了。如果你的文章针对的就是一个小众群体，十个人里面，可能只有一个人对你的文章感兴趣，那么你写的文章岂不是没有多少意义的自嗨吗？

第二步：考虑对应的用户群体会喜欢什么，去写他们想看的内容。

利用换位思考与前文所说的数据分析等各种你能想到的手段，去细分既定标签，增加你对这个群体的认知，了解这个群体的特征。

具体怎么做呢？思考他们是什么身份，什么性别，多大年纪，他们的日常生活是怎样的，普遍的性格是什么，阅读习惯和场景是什么。如果你是他们，你在什么情况下愿意去读自己的文章？

你的标题、开头要怎么写才能吸引他们看下去？结尾要怎么结束才能激发他们点赞、评论、收藏？如果你对这类群体实在不了解，没有办法清楚回答我列出的这些问题，那么你就去网上查，看这个群体爱讨论什么，经常看的话题是什么。知乎、豆瓣、微博……现在有这么多的信息平台，你有无数种方式去了解一个群体，只要你想。

千万不要说自己不知道怎么搜索，不知道怎么看。现在大多数公司对职业文案有一个硬性要求，就是信息搜索能力，这个能力是通过经验积累出来的，你只要多搜多看，自然就会形成自己的方法和套路。

总而言之，请你务必借助各种工具把这些问题思考一遍，然后再开始写文案大纲。

第三步：写出文案大纲，设置标题和转折。

搭建自己的文案大纲，这里需要做的包括：写出一个好标题，设定一个不错的转折。如何写出一个好的标题我在这里先不提，因为后面我将专门讲写标题的技法。

让我们先把重心放在这两个字上——转折。

为什么写文章一定要有转折？是怎么个转折法？

首先我们要明确一个概念，人们更倾向于看自己想看的东西，但做出点赞、评论、收藏等行为却往往只是因为看到了自己意料之外的东西，引起了较大的情绪波动，或者让他们分泌多巴胺获得了快感。

所以，请务必设置转折，并且是情理之中意料之外的转折。

第四步：暴露我们的真实意图，写我们想写的内容。

写出文章的真实意图，也就是你真正想写的内容。比如你写文章就是为了卖某个产品，这就是你的意图，又或者你就是写来夸赞教师的，你觉得老师们太辛苦，你想引导大家关注和体谅自己的老师，这也是你的真实意图。

我在上一步里说到了转折，那么转折前是什么内容呢？转折前我们写的东西应该是用户想要看到的内容，转折后写的是我们想让用户看到的内容。也就是说，在转折之前我们就一直在满足用户，那么在转折之后，我们就应该引导用户来满足我们了。

第五步：将文案制作成作品（视频、公众号文章等）并发布，然后收集数据。

即使你认真执行了前面的所有步骤，可能也只能取得一个并不尽如人意的结果——数据不好。没关系，这并不代表我们就失败了，相反，失败的作品是我们成功的开始。既然这个作品数据不好，那它就一定存在问题，并且还是你之前一直没有察觉到的问题。那现在结果出来了，你就可以通过这个失败的作品去找到自己的问题所在，为下次的成功做铺垫。立马去创作者中心，把这个作品的数据记下来，再用我之前提到的那些公式或者你自己创造的公式对这个作品进行分析，同时对比同类作品中的爆款，把你这个视频存在的问题彻底搞清楚，然后立刻重新写一条——记住，一定不要在找完问题之后就不管了，不然就白找了！找到了问题就马上写一条类似的新的文案并测试，只有这样，你才能记忆深刻，同时把那些你发现的"文案创作禁忌"刻进骨子里，避免重蹈覆辙。

当然，有可能你的作品爆了，那成功的作品就是新的学习案例。同样，找出它的爆点，然后从里面提取文案结构或者你自己的创作套路，提取完成之后就马上再出几个类似的，如果还是爆了，那就说明找对路了，以后这类作品就可以按这个路数走。如果新的内容没有爆，那就是爆点找错了，返回去重新再找再测试，直到确定正确为止。

千万千万千万不要偷懒！很多创作者走到这里的时候会觉得自己终于火了，然后瞬间变自信，结果导致松懈。殊不知，此时才是最好的改进时机，是最应该付出努力的时候！

你怎么了？怎么能在这个天时地利人和的时候，不知道好风凭借力，反而在最应该发力顺风而行的时机选择躺平呢？切记切记，做自媒体红不难，红不代表有本事，一路长红才是本事！

第六步：坚持！坚持！坚持！

我刚才说的那几个步骤难不难？不难。但很少有人能坚持走完，因为这个过程它势必夹杂不少创作者的辛酸泪，付出和回报也往往不成正比。我知道，写这样的话纯属废话，坚持不下来的人始终都坚持不下来，但万一这一段话会让某个创作者在某个想要放弃的瞬间坚持下来呢？容许我在这里给大家灌点"鸡汤"，因为我有很多的担忧，其中最深的忧虑就是有些"踌躇满志"的创作者，有一个热血沸腾的开始，却连这本文案书都看不完。

正好阿鱼我就是一碗行走的鸡汤，具备一种随时给人"打鸡血"的"特异功能"。你看我现在跟你讲写文案要坚持，其实我何止是在跟你讲写文案要坚持呢？你的人生除了生命本身，还有什么美好的东西是不需要坚持就能获得的呢？你读书考研，你工作晋升，你恋爱结婚，你养育小孩……我甚至可以说，你的生命也需要坚持才能够走下去，如果你不坚持健康饮食、锻炼身体，你连生命的长度都会缩短！想一想，迄今为止，你除了吃饭睡觉是否有一件坚持做了 5 年以上的事情？想一想，你如今糟糕的处境是不是自己亲手造成的呢？松散的身材、油腻的皮肤、早衰的容颜，你嚷嚷着自己不想为资本打工，嚷嚷着要享受坦然生活，你要舒舒服服地以躺平的姿势对抗这个世界的不公。可想一想，就算世界完全公平，你就能变好了吗？扪心自问，是这样吗？你所谓的享受真的是享受吗？你认为的躺平又真的能心安理得吗？倘若是，那你为什么一天没做几件事却还是感到疲惫呢？你的坦然真的坦然吗？倘若是，此时为何会感到焦虑和挣扎呢？

至少找到一件事情坚持下去吧，不是写文案也没关系，至少你会有正视自己欲望的勇气。

好了，言罢。写得稍微过激了一点，不要说我灌输"毒鸡汤"和制造焦虑，这段话我就是写给以后某位想要放弃的创作者的。针嘛，得尖一点才能扎进肉里；药嘛，肯定是有症状之人才需要。没症状的朋友你就当没看见我这段话，继续往下看。

二、打磨出成品文案的步骤与技巧

如何具体运用用户思维写文案的六个步骤讲完了，这就是我们在创作时的执行顺序。

大家可以看到，我刚才没有写什么特别细节的东西：面对一个空白的 Word 文档要怎么填满它？怎么推敲出成稿？甚至你还会有这样两个疑惑：

1. 读者想看的内容和自己真正想写的内容有什么区别？

2. 具体怎么设置转折？

如果你存在这两个疑惑，很好，那证明你从未停止思考。下面我将用一个简短的文案为你解答这两个疑惑。我们先一起来写一个文案大纲，然后再去细化它。

文案大纲

文章主题：我被最好的朋友绝交了

交代事实：简单叙述我被绝交的过程

你换位思考、根据数据分析后，猜想出读者想看到的内容（问题按好奇度排序）：你们为什

057

么绝交？你和她的关系有多好？

转折：原以为绝交的原因是我最好的朋友一直都在嫉妒我，但其实不是。

你真正想说的：这段感情里我也有错，是我让我的朋友没有安全感，是我的态度导致了她的嫉妒。（真正的话题是友谊里的安全感。）

文案内容

我被绝交了，对方是跟我有十三年交情的闺密。我们一起罚过站，吃过同一包辣条，追过同一个男生。但在三年前，她给我发了一条信息后，立马就删除了我所有的联系方式，从那以后再也没理过我。

"对不起，当你的朋友太累了。你越来越优秀，跟我的差距越来越大，其实我很嫉妒你，但偏偏又只能祝你越来越好，因为我是你的朋友。这种矛盾感让我觉得自己既糟糕又阴暗。我们绝交吧，我不想一直自卑地跟你在一起。"

当时，收到信息的我先是震惊后是愤怒：震惊是因为在此之前她没有任何嫉妒我的征兆，我们仍然一起看电影，一起吐槽，一起说好当彼此的伴娘；愤怒是因为我最好的朋友，居然不希望我过得好？！尤其是当时看的许多电视剧和网文，几乎都在讲述所谓的人性故事：你的朋友会希望你过得好，但一定不会希望你过得比她还好。那时我深以为然，觉得朋友就是一个心思阴暗的坏人。

而如今，三年过去了，我成长了许多，也学会了更理智地去看待这件事。

我终于理解了她为什么会跟我绝交。

原因并非是所谓的"朋友希望你过得好，但不希望你过得比她好"这么简单。

我发现真正的原因在我身上，是当时的我没有带给她"友谊的安全感"。以前，每当我取得成功和奖励时都会兴高采烈地跟她分享，理所当然地认为她是我朋友就应该为我开心，却从来没有顾及她的感受，甚至在遇到事情的时候抛下她，和我认为更优秀的人合作，这会让她觉得自己不够优秀，而我也不会和她做朋友了。

所以她一直试图追赶我，试图寻求我的帮助，希望能够守住这份友谊，不再患得患失，而最后，她只是累了而已。

其实，她对我的嫉妒，只是源于我对她的态度。

好了，一个简单的例子。

这篇小短文在故事情节设计和观点输出方面比较偏激，你别把故事当真，我只是为了方便你的理解，才设计得这么极端。

可以看出这篇小短文的前三段写的就是读者想看的内容，我在满足读者的好奇心。他们想知道我们为什么绝交，当初关系又有多好，于是我就满足读者的需求；而第四段则是我设置的一个简单的转折点。我在前面做了一些铺垫，然后给出一个结果，让大多数读者觉得自己看了一个结局，心里会想的是"果然如此，朋友就是希望你好又不希望你过得比她好"，但我随即就否定了这个读者已经认定的结局，我告诉他们这不是结局，好戏还在后面，这就偏离了读者的心理预期，可以再次勾起他们的好奇心。最后就是让读者看我如何自圆其说了。其实结尾只要逻辑没有什么大问题，让读者觉得有道理，读者都会非常认同。因为我们在前面就已经打破了他们的定式思维，否定了他们的既定认知，此刻他们就如同任你拿捏的"小白"，潜意识里已经觉得你是一个比他们有更高认知的存在。

这个原理类似于心理学中的"煤气灯效应"，最早源于一部叫《煤气灯下》的电影，里面的男主安东故意把煤气灯调成忽明忽暗的样子，在妻子宝拉发现灯总是在闪的时候告诉她：灯很正常，闪烁是她的幻觉。就这样通过故意扭曲事实的方式，让女主越来越怀疑自己，最终精神崩溃。所以"煤气灯效应"又叫认知否定，是一种心理操控和洗脑术。操控者总是会对你说"你不行""你有问题""你这样做不对"，让你逐渐怀疑自我、失去信心，从而对操控者言听计从。之所以叫这个名字是因为心理学专家罗宾·斯特恩在看了这部电之后写下了一本叫《煤气灯效应》的书，在这本书里，他正式解释并将这种效应命名为"煤气灯效应"。虽然作者写这本书的目的是为了教大家认清并摆脱别人对自己生活的隐性控制，但我认为也可以证明人是很容易被操纵的生物。

大家有没有觉得，这有些恐怖？事实如果真的如此，那些掌握着巨大影响力与话语权的自媒体大V岂不是可以将他们的粉丝玩弄于股掌之间？是的，现实也的确如此，这种事情我在网络世界常常见到，大家肯定也见到过但可能没留意，或许现在大家可以思考一下自己是否曾经被愚弄。正因事实如此，所以我才认为每个做自媒体的人要先修心修德，明白善恶的边界，必要时甚至要学会忍耐。

良心很重要，比钱重要，比社会地位重要。

好了，刚才我们已经正确地运用用户思维完成一篇文章了。

但这篇稿子还没有完成，它只是一个初稿而已。初稿，一定会存在问题，那么我们现在就需要去推敲打磨它。如何打磨呢？只有发现问题才能解决问题，如果你都没搞清楚自己的初稿有哪些不完善的地方，那怎么改？因此，作为创作者，一定要去学习一些基础的文案规则。比如一个故事一定要有起承转合才是一个好故事，缺了其中任何一个环节那是不是就有问题了呢？而掌握这些文案规则需要我们去学习和总结别的好文案的经验，也需要我们在长期的写作过程中总结出自己的经验，这是一个缓慢的过程，这个过程是必需的。

本书会在后面的章节里跟大家分享一些个人经验，供大家参考。

我们继续打磨这篇初稿吧。刚才说了，发现初稿的问题，需要长期的经验沉淀，想必现在阅读本书的朋友在这方面的经验大多是有所欠缺的，故而我将直接指出这篇文章的问题所在：它在讲一件事，讲了一些细节，但这些细节还不够深入。想深入，我们可以先试着写废话。

三、如何写废话

大家可别觉得"先试着写废话"这句话它是废话。

你们可知，现实生活中为何会出现这样的情

况：即使给了两个人同样的大纲、同样的选题，他们写出来的文案都相差甚远？

李诞有一次在综艺节目《蓝莓孵化营》里说过一句话：

创意不难，难的是执行，从 0 到 1 固然重要，但如果不能把 1 落地，那创意将狗屁不是。

写文案重要就重要在这一步，哪怕你有再先进的方法、再独特的观点，你也得先写出来，然后才谈能不能写好这个问题。据我零基础自学文案和这两年的文案指导工作来看，对大多数人来说，难的其实不是想法，而是表达，也就是脑袋里装有东西，但一对着白纸就茫然一片，一个字都写不出来。为什么会出现这样的情况？一是由于大脑里的东西太混乱，不知道从何写起。二是由于大脑里的东西太多，不知从何写起，觉得从哪里写都不太好。

我知道，之前别人可能都叫你们要尽可能地精炼语言，少写废话。但我跟别人唱反调是有原因的。我需要你们先明白一件事，不管是迷茫于不知从何写起还是不知道写什么，先写就对了！不知道从何写起，对吧？那就写很多个开头。不知道写什么好，对吧？那就全都写下来。你们刚开始写的东西肯定是有很多垃圾的，但是朋友们，我们后面慢慢把垃圾剔除出去，不就是一篇好文章了吗？大家想是不是这么个道理？在垃圾堆里找宝物总好过在空地里找宝物吧？

我们普通人刚开始写文案，别想着写好，那样压力实在太大了，我们只要能写出来就应该给自己鼓个掌。

回想一下当年的我们，连写个 800 字的作文都得绞尽脑汁！那我们现在老实一点，认清现实：我们的首要工作就是想方设法地输出文字材料，精炼语言那是之后的事。

写文案不是做菜，做菜一般是不能把所有菜全丢进锅里炒，丢错了就收不回来。

文案更像是冰雕，要想雕出好东西，前期就得尽可能多准备点冰，这样真正雕刻之时才能尽情发挥。

现在大家认同我说的要写废话这个道理了吗？那我们再来解决下一个问题——怎样才能把废话写到位？我们先在刚才的初稿里稍微加一点细节。

我被绝交了，对方是跟我有十三年交情的闺密。我们一起罚过站，吃过同一包辣条，追过同一个男生。但在三年前，她给我发了一条信息后，立马就删除了我所有的联系方式，从那以后再也没理过我。

"对不起，当你的朋友太累了。你越来越优秀，跟我的差距越来越大，其实我很嫉妒你，但偏偏又只能祝你越来越好，因为我是你的朋友。这种矛盾感让我觉得自己既糟糕又阴暗。我们绝交吧，我不想一直自卑地跟你在一起。"

当时，收到信息的我先是震惊后是愤怒：震惊是因为在此之前她没有任何嫉妒我的征兆，我们仍然一起看电影，一起吐槽，一起说好当彼此的伴娘；愤怒是因为我最好的朋友，居然不希望我过得好？！尤其是当时看的许多电视剧和网文，几乎都在讲述所谓的人性故事：你的朋友会希望你过得好，但一定不会希望你过得比她还好。那时我深以为然，觉得朋友就是一个心思阴暗的坏人，甚至其他朋友一提到她，我都会生气。有次有个同学聚会，听说她也要去，我直接说：有她在就没有我。

而如今，三年过去了，我成长了许多，也学会了更理智地去看待这件事。

我终于理解了她为什么会跟我绝交。

原因并非是所谓的"朋友希望你过得好，但不希望你过得比她好"这么简单。

我发现真正的原因在我身上，是当时的我没有带给她"友谊的安全感"。以前，每当我取得成功和奖励时都会兴高采烈地跟她分享，理所当然地认为她就应该为我开心，但我却从来没有顾及她的感受，没有想到过，我满脸甜蜜地跟她说我心仪许久的男神跟我告白了的时候，她刚刚失恋。我兴奋地跟她分享我升职的喜悦时，她已经失业了一段时间，一直没有找到工作。甚至在某些特定的时刻，我遇到利益相关的事情时，会毫无顾虑地抛下她，和我认为更优秀的人合作。我没有想过，我有很多好朋友，但她只把我一个人当作好朋友。

她一直试图追赶我，试图寻求我的帮助，希望能够守住这份友谊，不再患得患失，而最后，她只是累了而已。

其实，她对我的嫉妒，只是源于我对她的态度。

现在大家有没有觉得，这个故事，加了一点细节之后，显得更真实，人物戏剧化冲突更强了呢？两个相似的文案，很明显，第二个细节更丰富一点的文案会更让人有代入感。

那细节要怎么加？加在哪儿才会比较好呢？跟大家分享几个小技巧。

抛观点要举例子，举完例子要总结。

比如你的观点是：

创业重要的不是做什么事，而是找对做事的人。

首先，你要把你的观点条理清楚地表达出来：

创业重要的不是做什么事，而是找对做事的人。世人都说创业选对方向很重要，但正确的方向只能让创业走得更快更顺，真正能让创业之路走得更实更远的，还是人。风口会停，政策会变，但一群合适的人聚在一起，不管做什么都能成功。

接下来举例子：

其实马云并不是第一个想做阿里巴巴这样的电子商务网络的人，他想的东西很多人都想过，甚至还有人真的去做过，做得比马云还早。有一个叫王峻涛的男人，他就做了一件和马云很像的事情，创建了一个叫 8848 的网站，并迅速成为中国电子商务界的"领头羊"，但现在也没声息了。真把这个事情做成的，还是马云。为什么？马云在采访里说："我能在前面宣传造势，是因为后面有人在实干。"马云背后有"十八罗汉"，王峻涛没有。马云发了话，有人能帮他干；王峻涛发了话，就只是发了话。

最后给一个总结：

所以，风口没有你想的那么重要，创业最重要

的不是你做什么事，重要的是找对做事的人。

讲故事要讲细节，吊胃口要铺场景。

什么叫故事的细节？好的细节能让故事中主人公的形象更丰满。如果你看过《红楼梦》就会发现——它就是一部由诸多细节构成的传世经典。原著里，曹雪芹写了许多关于动作、语气、神态、穿着打扮等的细节，他把细节一一列举并且不做提示，只是等着我们自己去发现其中的重点。

比如在周瑞家的送宫花这一回，薛姨妈让周瑞家的把十二枝宫花送给迎、探、惜"三春"，以及黛玉和凤姐。周瑞家的给凤姐送宫花时的路线是这样的：

"穿夹道从李纨后窗下过……越过西花墙，出西角门进入凤姐院中。"

我们来看，荣国府里小一辈的小姐媳妇都有花，但薛姨妈却没让她给李纨送。曹雪芹写的时候还故意明确写到，周瑞家的从李纨后窗下走过，为什么非要写这句话，还不是为了让我们注意吗？

那么，为什么唯独李纨没有花呢？倘若我们读到这个细节时思考一下，就会想清楚了：因为李纨是寡妇，寡妇应该清净守节，装扮不能太花哨，所以才没有花。毕竟作者在写李纨出场时就说了，她青春丧偶，故虽居膏粱锦绣之中，却如槁木死灰一般。我们想到这儿，是不是就会觉得不送她宫花这件事正好符合了她的性格和现实生活，瞬间就怜悯她了，感受到她的悲凉无奈了？然后惊叹，曹雪芹写得真是妙啊！

这，就是细节的妙处。

当然，无需为细节而细节，描述的每一个细节都要有目的，要么能够推动情节，要么能够丰富人物的血肉。

至于"吊胃口要铺场景"就更简单了。在电视剧里，当某人要展开刺杀行动的时候，是不是都会先给一个月黑风高的空镜头？这就是要告诉观众：哎哟，请注意了哦！月黑风高——杀人夜哦！

我说的场景也是这个意思。电视剧是用画面来暗示我们故事情节的发展和时光的流逝，而我们则是用文字去做这些工作。

读者是有想象力的，我们的文字就是供他们想象的，先给读者铺垫一点场景供其想象，很有必要。

抽象概念要具体，也要结合实际。

实际上本书开头提到的用户思维就是一个很抽象的概念。当我们无法清晰地给读者讲清楚这个概念具体是什么、没有办法下定义的时候，就可以用具体的案例、具体的故事甚至是具体的比喻去让读者理解它。请大家回想一下，我在前面是不是就曾用过一个"使用筷子夹东西"的例子去帮助大家理解用户思维呢？这就是我在用一个具象的事物帮助大家理解一个抽象的概念。但是请注意，这个事物一定要贴近我们的日常生活，不能离生活太远，不然就本末倒置了，反而给大家的理解增加了难度。例如，你的文案是写给男性看的，你想让他们理解"喜欢一个人就会为她费心思下功夫"，然后你给他们举例说，喜欢一个人时就会买许多化妆品，开始精心打扮自己，开始注意形象，在乎自己头发油不油。你说，这样写，你的男性读者能理解吗？这个例子是完全站在女性的角度去写的，你写的是女性喜欢一个人时的状态和心情，但你的目标用户是男性啊！这些虽然是很好的女性能懂的点，但是男性不理解啊！既然目标用户是男性，那你肯定需要写他们能够理解的东西，对吧？你可以给他们举例说：喜欢一个人就是会在见她的时候，特意捯饬一下发型，穿上自己最帅的衣服鞋子，等等。这样他们就懂你的点了。

要多用短句，使用大白话最简易。

想在网络上写出高传播量的文章，请记住这个准则：多用短句，把文字掰碎了、揉烂了再呈现到读者面前。

不用过多考虑文笔，别用文绉绉的大词，即使你可以。

因为大多数网络用户在上网娱乐时就是为了放松，所以，想让读者把你的文章读下去，最好别让他们动脑，而是让他们一口气就能轻轻松松读完你的文章。还记得曾经的咪蒙吗？知道为何她的文章能有那么高的传播性吗？如果你现在还能找到她的文章，就会发现她写的每句话，几乎不会超过15个字，任何一个长句，她都会掰开了说。

现在我们来看几个简单的例子，辅助我们更好地理解如何掰碎一个句子：

原句：沈阳的下雪天太冷了，都把我冻感冒了。

掰碎后：沈阳下大雪了，特别冷，都把我冻感冒了。

原句：我实在不知道一个人狠心到什么地步才会这样对待一个手无缚鸡之力的孩子。

掰碎后：一个孩子，手无缚鸡之力，却被人这样对待，那个人需要狠心到什么地步？我实在是不知道。

上面的例子，尤其是第二个，我掰碎得过分了。

但大家有没有发现，一旦我们把句子掰碎，它就会显得更生活化、更简单，虽然文学性变弱了，但更容易理解、可读性更强了。我们思考一下：在互联网平台上一个一秒就能读完并理解的句子和一个要反应五秒才能理解的句子，如果它们传递的是同一个意思，哪个更容易传播呢？所以，如果想写出高传播量的文案，就别总想着崭露才华。

适当藏拙，只有简单易懂的信息才会传播得快，不要用你的才华和知识给信息加密。

无法言说的心情可以试试蒙太奇。

蒙太奇其实是电影镜头组接手法。我觉得艺术是具备共通性的，虽然手段各不相同，但本质上都是属于"表达的艺术"。因此，我给这个方法取了"蒙太奇"这样一个名字，这样也方便一些本来就懂电影知识的朋友理解我接下来要讲的内容。当然，名字不重要，重要的是知识点，是方法本身。

但我讲这个知识点的时候，先说好，你可别笑话我。

阿鱼我是一个很普通的女生，说真的，我经常失恋。

准确来说，应该是对同一个男孩失恋无数次。

好了，直说吧，我暗恋过一个男孩很多年，而且结局不太好，最后我都失去他的联系方式了，还一直耿耿于怀。直到有一天，我到一个陌生的城市旅游，当时坐在一个海边的户外咖啡厅里喝咖啡，风吹着，远处有孩子嬉闹，没有阳光，天空呈现出一种低饱和度的蓝灰色……莫名其妙地，我就对那段感情释然了。

那我该如何表达我当时的心情呢？反正我是找不到一个合适的词语的。所以，当时我写下这样一段看起来毫无逻辑的话。我相信你看完这段话之后，是能感受到我当时的心情的。

"北方的冷风吹散了南方的炊烟，临街的小孩拖走了遥远的笑脸，破旧的单车带走了最新的呢喃，我坐在有海风的咖啡店搅拌我们不懂珍惜的昨天。"

看上去是不是毫无逻辑，莫名其妙？但你是否能够感受到我当时的心情呢？只要你能够感受到一点儿，那我写这段文字的目的就达到了。

这个表达方法就是一种蒙太奇式的意象组合。蒙太奇并非电影的专利，文学上的蒙太奇可发挥的空间更大，可供想象的空间更充足。

所以下次，如果你想表达你无法准确描述的心情，试试把多个毫不相关的意象组合起来。不要问我组合哪些意象，到时候会有很多事物出现在你的脑海里，你只要用你感觉最舒适的方式串起来即可。

四、删减：剔除垃圾

好了，关于帮你多写"废话"的经验技巧就谈到这里吧。你用了这些方法之后再去写稿子应该不会再是一张白纸了，你终于有内容了，现在让我们鼓个掌，学习成果很不错！但你现在所写的内容势必还不够精致，毕竟我之前说了，当你把脑子里混乱的东西全部记录下来的时候，可能会存在很多垃圾。

那接下来，我就该给你讲"剔除垃圾"的方法，也就是删减了。

返回去，检查，把文章重读一遍，修改细小的逻辑漏洞和措辞，同时一定要学会删除，先看看你的标题，再看看是不是写的每一段话都在为自己的核心思想服务。如果不是，请一律删除。

千万别觉得自己写的东西特别完美。相信我，你在检查时一定会有想改的地方，即使你写的时候可能"下笔千言"，返回去读时仍会觉得写的好多东西是垃圾。

不要慌，当你学会把一堆垃圾雕琢成艺术品的时候，你就要成为一个优秀的文案创作者了。

好了，接下来举一个例子帮大家理解一个文案里哪些东西该删，哪些东西不该删。在这里，我先示范讲解，修饰词的删除方式，其他的大同小异，大家可以举一反三。

"海鸥是灰蓝色的，颜色和马格里的阴天一样。我走到那只海鸥的身边，它惊慌地飞走了。看着它离开的飞行线，我觉得甚是无趣，缓慢地转身走向身后的露天咖啡厅，点了一杯味道醇厚的猫屎咖啡，心里想着，*此时他应该已经看到我留在桌上的那封告别信了。*"

来，请你告诉我，你觉得这段话里，有哪些修饰词是多余的？

第一步：重点查看形容词和副词。在这一步要做的，就是找出所有的修饰词，可以看到，这段话里的修饰词有：灰蓝色、惊慌、缓慢、露天、味道醇厚。

第二步：删除多余的词。既然已经找出修饰词了，是不是都要删除呢？肯定不是。我们要判断哪些词该删、哪些词不该删，有三个标准：

1. 增加场景感的词，不删。

2. 刻画情绪的词，不删。

3. 暗示主人公处境的词，不删。

好，现在让我们回头看一下那些被我们挑选出来的词语。

灰蓝色：不删，因为它渲染了主人公的情绪。

惊慌：删，这个词没有任何意义，人走过去，海鸥吓到飞走，这是顺理成章且显而易见的事情，没有必要特意花费笔墨告知读者。

缓慢：删，主人公转身，转得快不快在这里不重要，重要的是她有转身这个动作。

露天：不删，这个词增加了场景感。

味道醇厚：删，咖啡好不好喝在这里根本不重要，事实上主人公喝不喝咖啡在这里都不影响我们想要传递的核心。

现在删除这些词语再返回去看看，是不是好一点了？

"海鸥是灰蓝色的，颜色和马格里的阴天一样。我走到那只海鸥的身边，它飞走了。看着它离开的飞行线，我觉得甚是无趣，转身走向身后的露天咖啡厅，点了一杯猫屎咖啡，心里想着，此时他应该已经看到我留在桌上的那封告别信了。"

这是删除修饰词的方法，其他的诸如删句子、删段落、删情节，也是一样的判断方法，就是看你写下的东西对你想表达的核心有没有作用。没用，即使你写得再好也别犹豫，删掉它。

Chapter Two

第二章

如何产出爆款选题
和精彩观点

找灵感的方式

给一个表面只有泥土的陌生花盆浇水，是一件痛苦的事，因为你不知道里面到底有没有种子。

同样地，期待一个空空如也的脑袋能冒出灵感的小芽，也是一件极痛苦的事。

这一章我要做的，就是帮你解决痛苦。我想，看完这一章，你应该会少一些对着空白文档发呆的痛苦时刻。

毕竟，硬憋憋不出好文案。

别再憋点子了，阿鱼我给你分享几个能捕获灵感的思考方法吧！正所谓与其等鱼儿进网，不如找海鲜市场；与其等灵感上门，不如直接掌握去灵感聚集地的路径。倘若你用我分享的方法，写出了特别精彩的观点，请随时跟我分享，阿鱼我定然甚是欣慰。

我认为，一切规则都是创作的敌人。

如果你想有出色的灵感，就请你从这行字开始，建立一个全新的意识：在文字的世界，你可以毫无顾忌。

这片世界完全空白，它将会成为的样子完全取决于你想让它成为的样子。在这片新世界里，任何人的声音都对你毫无意义，你是在这里赤身裸体地撒着欢的坏孩子。

算了，这种文艺腔调不太适合我，直白一点说吧，我想让你解放思想，放开手脚大胆去创作。那怎样才能把"手脚"放开呢？

一、放出你心中的"坏孩子"

现在开始，让我们一起质疑全世界吧。质疑风为什么要被称为风，质疑草凭什么不结果，质疑人为什么要走路，质疑动物怎么就不能做主。你要反对这个世界上一切有迹可循的事物。不管看到听到什么，连问自己三个问题：

为什么？凭什么？反过来会怎样？

提出质疑，就是帮你捕获灵感。

当你不再顺从地看待这个世界，爱上跟这个世界唱反调的感觉，彻底放出你心中那个唱反调的"坏孩子"时，灵感，它就来了。

比如针对拖延症这个问题，我发现大家都在说要克服拖延症，市面上也有好多书在教人如何克服拖延症。

那根据我刚才说的方法，要连问自己三个问题：为什么大家都想甩掉拖延症？凭什么拖延症要被人这样厌恶？反过来，如果人人身上都不存在拖延症了，又会怎样？

为什么大家都想甩掉拖延症？

因为拖延症会耽误人的工作和学习，会阻碍人变得优秀、获得成功。

凭什么拖延症要被人这样厌恶？

因为拖延过后的我们，内心会难受，会对自己恨铁不成钢，严重时，甚至会因此受到他人的责备和侮辱。没有人喜欢这种感觉，而这种感觉的罪魁祸首就是拖延，所以人们厌恶拖延症。

没有拖延症会怎样？

如果拖延症从未存在的话，大家应该也不会有太大的感觉，谁会对一个从未有过的东西有感觉呢？到时候人人都自由，人人都不拖延，人人都习以为常地认为，影响自己变优秀和成功的因素只有智商、努力程度等，而不会想到还有拖延症，因为人们从未感受过拖延症带给自己的坏处，从未尝试着与它斗争。虽然跟一个事物抗争赢了的感觉还蛮快乐的，但是大家应该也不会获得跟拖延症斗争成功之后的快乐……啊！是了，快乐！

拖延其实也可以带给人快乐。

当我拖延着赖床许多天之后，有一天早晨我居然成功地战胜了它——早起了！那一刻我是多么开心啊，我获得了一种超强的自信，那种愉悦的感觉能支撑我度过美好而充实的一整天。如果第二天、第三天我仍然早起了，那么我就会持续获得快乐；如果第二天我跟拖延症战斗又失败了，那也没关系，因为我已经获得一份快乐了，而这份快乐正是来自拖延！这不正是拖延带来的好处吗？

思考到这里，在和世界唱反调的过程中，我提出了属于自己的观点——*拖延可以让人自信*。即，每当我战胜一次拖延，我就完成了一次自我挑战，杀死了一个恶魔；随着这种胜利感的增强，我的心底会逐渐漫出一种对自我完全认可的自信，这种自信不需要借助外物，更加牢固。

你看，观点出来了。

因此，下一次实在没有灵感的时候，请尝试对着一个话题，向自己发出三连问吧。

二、溯　源

溯源这个思考方式，就颇有些哲学意味了。

首先我们要达成一个共识：这个世界上，任何事物都有其存在的合理性，任何事物的湮灭也有其合理性。

那么，我们只要思考：这个事物是凭什么合理存在于这个世界上的，又是从什么时候开始存在的？它的产生必定有它的原因，当初是哪几个事物交会才导致了这个事物的产生？

对于曾经存在过，现在却已经消失的事物，同样按照刚才的思路，思考它为何而存在，为何而消失，是什么导致它消失，是从什么时候开始消失的。

对你身边所有的事物提出这样的问题，消除你对这个世界既定的认知，这个过程就是一个追根溯源的过程。当然，这就像刷新一个人的三观一样，不容易。

但是或许你可以在心里暗示自己，从看完阿鱼下面这段文字开始。

想象我，阿鱼，在一个遥远的地方，一个小阁楼里，正在暖黄色的灯光下抱着一台粉绿色笔记本电脑，戴着一副六边形的细框眼镜，书桌旁边的音箱放着悠扬醇厚如同时光流逝的大提琴音乐，旁边是一杯冒着热气的绿茶……阿鱼正在拼命地敲击着键盘，而电脑屏幕上有无数个闪着荧光的文字霎时间飘浮起来，钻出阁楼的窗户，飞快地分成无数的支流，似寻觅似盘旋地在家家户户的屋顶上滞留……突然，其中有一股支流发现了你，而且它正好是你最喜欢的颜色。你正在看书，完全没有注意到它正向你飞来，也就是此刻——你看着本书此段的此刻，它钻进了你的脑袋里，一瞬间刷新了你大脑里的一切。也就是此刻，你睁眼，眼睛变得清澈、明亮……

好，现在请你放下书，仔细看看你的周围，观察它们有什么不一样。

这个世界变化了，一切都是那么陌生而又新奇，连空气里漫天飞舞的光尘也开始向你倾诉它们的故事。

接下来你要做的，就是看和听，把你看到的、听到的，统统记录下来。现在的你，不一样了。以前的你，觉得生活中的许多事物的存在都是理所当然的，你的生活里充满了惯性、常识；现在你的生活虽然仍然充满了常识，不过你能够并且会有意识地看到常识背后的常识了，也就是具有透过现象看到本质的能力了。

在我更小一些的时候，我有一些容貌焦虑。我时常惊讶于我的皮相——每一个五官看起来都是那么普通，但组合起来又是那么独特。我曾想，既然每个人的皮相都不一样，那么美丑的判断标准是从什么时候出现的？为何班上那个白白的、鼻子高高的女生总会被那么多人喜欢？为何我没有别人口中所说的气质？这样的疑问我有很多很多，于是我一闲下来就会思考：容貌和身材的差异为什么会这么合理地存在于这个世界，它是从何处产生的？是什么导致现代社会对容貌和身材的差异产生好坏标准呢？

直到大学毕业后的那两年，我到了北方工作，第一次见识了东北的大澡堂子⋯⋯

看着那些走来走去的裸体，我再低头看看自己，懂了。

大家把衣服脱到一丝不挂之后，无论多美多丑，其实都没什么差别，无非是某个地方多一寸少一寸的差距而已。

脱光了大家看起来都差不多，似乎都回归到原始的动物形态，非常平等，极其相似。

那么这个差距是怎么产生的呢？

在此特别感谢大澡堂子完整的人体洗涤生产线，让我见识了众多普通肉体的包装过程。

差异是一点点产生的。

大家在身上搽不同的身体乳，于是有了不同的香味和皮肤质感；给自己吹不同的发型，于是有了不同的外形风格；给头发涂上不同香味的精油，于是有了不同的亲密氛围；化上不同的妆容，于是有了不同的观赏感受；最后再穿上各自喜好的衣服，于是就体现了不同的审美趣味。

每道程序上的所有差异累积起来，最终才形成了如此明显的外貌差异。程序中的每一步，人们都加入了自己的喜好和想法，所以在一定程度上说，外貌是可以作为直接展现个人思想和态度的途径的，因为它的最终形成其实就是源于一个人的性格和审美品位。

比如，有精致妆容的女孩一定花费精力钻研过妆造，穿搭方式又直接彰显了她的审美；好身材的人一定花时间和精力做过身材管理；好皮肤的人一定是作息健康，一定程度上是个自律的人。

这样思考之后，"以貌取人"竟成了一件极其公平的事情！

于是我就产出了多个观点：

有趣的灵魂丑不了；

好看的皮囊不一定有趣但一定努力；

没有比看脸更好的识人术了。

你看，我只是对身边一个很常见的事物追根溯源，就产生了自己的观点。

三、延长线思维

这个思维模式不是我提出来的，是我前一段时间在手机上浏览信息时发现的一种方法。当时看到一篇介绍"延长线思维"的文章，我恍然大悟。我研读了几遍，现在，我对于原内容的印象已经有些模糊，但思路还是清晰的。我本想直接附上原文和作者，但是找了很久都没有找到原文，不过对于方法仍然记忆深刻，所以现在只能以自己的方式将这个方法表述出来了。

当然，这样一来，也就多了很多我个人的主观想法。

延长线思维就是指我们在面临一个问题时，不应该掉入问题本身去思考具体情境，而是应该思考这个问题产生的情境和出发点。

我们以"你妈和你老婆掉进水里你救谁"这个问题举例，相信大多数人看到这样的问题后，给出的回答一定是在这些答案之中的：

"我不会游泳，我只能找人救。"

"救我妈，我老婆会游泳。/ 救我老婆，我妈会游泳。"

"一个都不用我救，她们都会游泳，自己会爬上来。"

"先救我妈，我老婆年轻，可以多撑一会儿。"

我们都知道，这些回答都没有问题，可是太落俗套了。

当你按照这些答案回答的时候，你已经远离独特精彩的观点了。

回想我刚才所说的延长线思维，朋友。

不要掉进问题本身去思考具体情境，而是思考这个问题产生的情境和出发点。

所以，你有没有想反过来问我一个问题——这个问题是谁问的？

如果问题是老婆问的，那么她为什么会问这个问题？是不是觉得你不够爱她了？她会因为什么觉得你不够爱她呢？或者她只是想来试探一下她在你心中的分量？那么她为什么突然想做这样的试探？

如果是妈妈问的，那么她为什么问这个问题呢？是觉得你娶了媳妇忘了娘吗？

你看，这个时候你会发现，我们在面对不同的情境时，其实需要不同的回答。

你发现这种思维模式的本质了吗？就是悄无声息地更换或增加了问题的背景，为受众提供新的背景信息，再在这个基础上回答，这样一来别人就会觉得你的观点独特新颖，毕竟你设立了一个新的问题背景。

《奇葩说》第三季有个辩题：爱上人工智能算不算爱情？

请告诉我，你看到这个辩题的第一反应是什么？

是不是在思考：对哦，这算不算爱情呢？要弄懂这个问题，我是不是应该搞懂什么是爱情？

但辩手黄执中是这样说的：

"这个题目很有意思，因为这个题目有趣的部分不在爱情，这不是一个脑洞题，它是我们之后都会面对的问题——当科技越来越进步，虚拟跟现实还有没有差别？当假的东西随着科技进步变得越来越真，我们还有没有必要去分辨真与假？"

然后，他围绕着这个话题展开自己的论述。

你觉得这些话题新颖吗？

你我都心知肚明，这个话题，它并不新颖。

但是它出现在"爱上人工智能算不算爱情"这个话题之下，它就是新颖的。

我们可以认为，一个观点新不新其实是相对而言的，它取决于我们是在什么样的背景、场景下提出的。

在海边穿比基尼的你并不新颖，但走到闹市去，你就新颖了。

所以，想让你的观点是独特新颖的，用延长线思维换一个背景就好了。

黄执中在这段辩论里做的事情就是为讨论的话题重新安排了一个背景和前提，导致原本讨论的问题悄无声息地被转移。

我记得最后，黄执中在这场辩论中所讨论的早就不是原本有关爱情的话题了，但他说服了在场的很多人。

为什么黄执中可以想到这一层呢？

平时我们在面对一个话题的时候，具体需要怎么做，才能利用好延长线思维呢？我给你四个步骤：

1. 列出关键词；

2. 选定关键词；

3. 深挖关键词；

4. 用例子演绎。

即我们将话题里面的关键词萃取出来，先不考虑它们之间的关联，选取一个你最擅长的关键词，产出观点，再去思考如何将你产出的这个观点与话题扯上关系，只要实现逻辑自洽即可。

好，以上就是我总结的产出精彩观点的三种方法，我已经尽可能地用简单直白的话让你理解。但是关于思维方式的内容始终很难解释清楚，如果对以上三点你有什么疑惑的地方，或者你有独家的思考方法，欢迎你与我交流。

不过我知道，即使现在我说得头头是道，

你也认同了，但让你真正地去产出一个出色独特的观点时，你还是没有办法按照我说的方式思考。

别急，这是可以练习的，平时养成以下这些习惯，你会逐渐形成一个产出好观点的脑回路。

四、习惯写评论

不管是看书、看电影，甚至是点外卖，建议你都养成评论的习惯，习惯性对内容和质量从多个维度阐述自己的看法。

评论的开头最好要先明确自己的立场，比如说："我平时很少看电影，今天专门去看的……""我点这份外卖是想作为我的晚餐……""我是抱着好好学习如何吸引异性注意的态度去学习这门课的……"

涉及评价艺术作品时，应当带上其他的作品做类比，需要我们做好充足的信息查阅工作。

最后最好再对自己的评论进行升华，直接引用内容里的材料来嵌入自己的主张是最好的。

例如，我曾经点到过特别糟糕的外卖，我是这样评价的："店家需要重新对自己的良心进行审视，我看着这饭里的头发丝甚至能想象到厨师满头油腻，还时不时用手摸一摸头的画面。这份与剩饭无异的饭菜，与店家的态度和良心一样，冷得没有一丝温度……"

有点搞笑，但你也别说我奇葩，虽然这看起来确实很奇葩，但不管东西是好是坏，我们都要认真评价，该赞美也多赞美。我们评价的主要目的是，抓住这个情绪激动的时机提高自己的写作能力，习惯写评论是个好习惯，我认为是值得朋友们尝试的。

五、经常读书，并且学会提炼主题

我始终觉得书是我们认识这个世界最有用的工具。

我在人生的前十几年，一直待在一个四线小城市，由于家境清贫，肯德基之类的店家也是不敢进去的。我承认，贫穷和家庭背景确实遮挡了我看世界的视野。

我接受教育，但我不知道我受的教育有什么用。

所有人都说读书能出头，能给我带来很多好东西，但具体是什么好，我也不知道。

我只觉得每天早上起床很累，每天做作业也很累。如果说命运和现实合力围成了四方墙壁，将我困在一个小天地里，那么书，就为我打开了一扇门。

读书，让我能够在一个无知的年龄、无知的环境，做出一些并不无谓的挣扎。

那些书的作者们在书里讲述他们的人生境遇、生活经验，教授他们的知识技能、思想结晶，我在书里看到了大世界的有趣，燃起了瑰丽的梦想，见识了他人的沉浮，避免了许多弯路。

没有人天生就盛产观点，观点都产生于个人与世界碰撞的过程。

想要不断有新观点，就要不停地去看更广更新的世界。一定要读书，这是最方便我们认识世界的手段。

现在，我们既然知道必须要读书，那该怎么读才好呢？

和大家分享一个读书方法——六层导图阅读法，这个方法是我自莫提默·J.艾德勒、查尔斯·范多伦的《如何阅读一本书》中提取的，当然，做了一些改动，我利用了一些更现代化的工具总结出了一些方法。

这个方法并不适用于所有书籍的阅读，而是适合看一些工具类、知识性的书。比如我就想学营销、学文案，想学怎么提高口才、提高情商。我们看一本书，本来就是抱着了解一件事情的目的去的，那么这个方法就非常好用了。

特别提醒，阿鱼写的这本文案书，就是属于这类。

准备材料

iPad/ 电脑 / 智能手机

一本书（这里我用的书是《非暴力沟通》）

思维导图软件：XMind/ 幕布 / 百度脑图 /
Microsoft OneNote

阅读步骤

阅读书封：我们先阅读书籍封面和背面上的每一个字，看完之后你会

《非暴力沟通》
（马歇尔·卢森堡）

大概了解这本书的卖点，接下来你把书名和作者名填在思维导图的中心位置，即第一层。像上图那样。

读前言：书的作者一般会在前言里写下书的核心观点，所以读完前言之后，你会对这本书的核心

内容有一个大致了解。你在这里要做的就是找到这个观点，并且把它精简成一两句话，填到导图的第二层。像下图这样：

《非暴力沟通》（马歇尔·卢森堡）——非暴力沟通主动以积极进取、尊重平等、感激欣赏的态度来主导生活。

　　读目录：把目录里的标题全部列出来，列到导图的第三层。这里需要注意的是，我们只需要把目录里的小标题全部列出来就行了，很多书都有大标题，但我们没有列大标题的必要。

目录

037　第四章　体会和表达感受
　　我在美国学校学了21年，却想不起有什么人问过我的感受。人们认为感受是无关紧要的，重要的是各种权威主张的"正确思想"。于是，我们被鼓励服从权威而非倾听自己。

047　第五章　感受的根源
　　如果我们想利用他人的内疚，我们通常采取的办法是，把自己不愉快的感受归咎于对方。家长也许会和孩子说："你成绩不好让爸爸妈妈伤透了心！"言下之意是，他们快乐或不快乐是孩子的行为造成的。看到父母的痛苦，孩子可能会感到内疚，并因此调整行为来迎合他们。遗憾的是，这种调整只是为了避免内疚，而非出自对学习的热爱。

《非暴力沟通》（马歇尔·卢森堡）——非暴力沟通主动以积极进取、尊重平等、感激欣赏的态度来主导生活。

1. 让爱融入生活
2. 是什么蒙蔽了爱
3. 区分观察和评论
4. 体会和表达感受
5. 感受的根源
6. ……
7. ……

标题转问题： 当我们把所有的标题全列出来之后，你只需要看着标题，然后根据标题内容结合你的现实生活提出疑问。比如"感受的根源"这个标题，我会提出以下问题："什么是感受的根源？""了解这个根源对我有什么帮助，具体能帮到哪些方面？""我要如何利用感受的根源？"总之，把你对每个标题的疑问全部列出来，作为导图的第四层。

带着标题找答案： 这个时候，你看书就可以不用按顺序去看了，我相信经过上一步，你已经提出了许多疑问，可以优先看你最想知道答案的疑问所对应的章节。抱着强烈渴望答案的心情去看这本书，你会更加专注，把每个问题的答案都找到之后，你就可以用自己的话择要转述，作为导图的第五层。

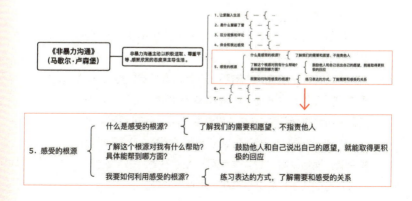

萃取总结：看完书的所有内容后，你或许已经获得了在看这本书之前所有疑问的答案，或许并没有。那么你就可以尽情放飞自我了，针对你觉得写得不好的内容，写出你的观点：为什么觉得它写得不好，如果你来写的话会如何写这部分的内容？好的内容也要总结：这部分内容好在哪儿？作者为什么写得好？把这些总结简单写下来，作为导图的第六层。

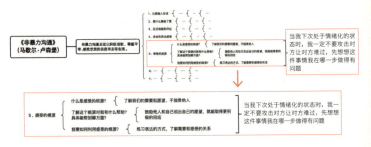

这样读书会得到什么

你得到了一份层次分明的读书笔记。

你锻炼了自己的思辨能力。

你学到了你想学的东西，解答了自己的疑惑。

你已经输出了多个观点（在做第六层导图时）。

关于这个方法的一些解释

诚然，这个方法其实很功利，许多人是不倡导的，觉得看书不应该目的性太强，用这种方法已经失去了读书原本的乐趣。可是朋友，书有那么多种，谁规定只能有一种读法呢？而且，并不是人人都喜欢看书的，有些人看书，就是很功利的。反正方法在这里介绍了，用不用就请随意了。

你读《红楼梦》要细读，读《诗经》要慢品，读《菜根谭》要深嚼，而看网络小说，你大可以囫囵吞枣。书，它们各自有各自的读法，我这也算是一种读书方法。

你一定有这样的时候吧？有些书你买来看，就是抱着功利的目的，比如我看这本《非暴力沟通》，就是冲着了解正确的学习方法去的，我的目的很明确，一旦我搞懂了，这本书我就没有必要再看了。如果以后忘了，我大不了把我做的这张导图翻出来重新看看，这不是比重新看书更快吗？如果你也有这种情况，那这个方法就适合你。

除了这种读书方法，我还想再讲一下我日常看书的方法，就是看小说、读诗词这类纯消遣的阅读。我认为这个方法基本适合所有的书籍，当然，它带来的收获感和成就感或许没有六层导图阅读法那么强，但是也能帮助我们提升自我。

这里需要大家了解一个软件：Notion（如右图）。

这是一个集办公、笔记、学习为一体的多功能软件，大家可以自行在网上搜索。

选择它自带的"读书笔记"模板就可以了，界面是这样的：

你可以自由摘抄、写读后感，甚至给一本书打分，并且可以标记这本书的阅读状态——在读、未读、已读。读后感你可以自行关联文章，比如直接嵌入豆瓣的文章链接。

听起来是在讲如何做读书笔记，其实无非是一个软件的使用方法而已，大家自己去找来玩玩就会了。我平时很喜欢用这个软件做读书笔记，如果大家也养成这样的习惯，我相信会对你有很大的帮助。

出爆款的思维

一、章鱼思考法

这其实是我给自己出爆款的思维体系随便起的一个名字。因为我出爆款的思维模式主要有八种，而我认为这个思考的过程和海里的大章鱼发动自己的触手慢慢去探索周围是否有食物是类似的，并且章鱼不是又称八爪鱼，正好有八条触手吗？所以我才会给它取这样一个名字。

再说"爆款"，什么样的内容才容易成为爆款呢？从我目前的经验来看，抛开写作、制作能力不谈，最容易出圈的就是有创意的内容，因为有创意就能立马让人眼前一亮，所以就容易成为爆款。但是"创意"这个词，说起来简单做起来难。以前有很多前辈总是跟我说：你不仅要想到，还要能做到。我觉得说得非常对，我差点就以为自己已经掌握成功秘诀了，结果却失望地发现：想到和做到，这两件事没有一件容易！大多数人别说做到了，能想到都不一般了，不然现在为什么还有的行业能直接靠想到挣钱呢？我有个朋友，他光靠给人出点子就能挣钱。为啥，因为他的工作就是给人提供创意做策划的，他能挣到钱就是因为别人想不到的东西他能想到，他能做从 0 到 1 的产出。

倒不是说你想到点子了就叫创意，那只做到了创意的后一个字儿——意，但创意的重点在前面那个字儿——创。什么叫创？就是从无到有地创造新东西。

所以我后面要跟大家分享的方法说白了不过也就是在帮大家解决一个问题：怎样才能想到创意？那就得用我的这套章鱼思考法了。名字似乎寒酸了点，不过还是那句话，名字不重要，方法重要，接下来，让我直接跟大家介绍这八种思考方法吧。

融合矛盾

顾名思义，就是你在想一个选题或者是内容时，首先肯定会想到："一般情况下应该这样写……""一般人都会这样想……"

一旦你脑中出现了这样的想法，那么就马上打住，思路掉转一百八十度，反过来思考。比如，一般人觉得做美食视频肯定要先有锅碗瓢盆，那你就马上想：我不用锅碗瓢盆是否也能做美食视频？一般人一说到健身就想到"减肥塑形"，那你马上想：我讲健身能不能讲增肥？增肥这个题材其实我已经看到有人实践过了，大家可以在抖音上搜索一个叫"硬核吃卤蛋"的健身博主，他做健身号就跟别人不一样，他先展示每天狂吃高热量食物让自己快速胖起来的过程，然后再展示自己瘦下来的过程。他做视频的口号是："用吃长起来的肉也能用吃瘦下去，一百天狂吃高热量食物长胖再用吃把它瘦下去。"然后前期的视频就一直狂吃，那么看到他视频的用户就会好奇——我倒要看看他能不能坚持一百天，到时候又怎么瘦下去。而且用户刚刷到的时候一般都会有一种耳目一新的感觉，毕竟看多了那些身材巨好的健身博主直接对着镜头给你讲健身知识，看到这会感到新奇也是很正常的事情。

那么这种思维方式你学会了吗？其实就是方向思维，但是比方向更难一点的是，你需要思考怎么把它与你要做的事情合理地融合在一起。

深挖放大细节

细节就是努力去往"小"了想，去注意生活中那些微小的、不易察觉的小现象，然后在小现象上做大文章。

比如我们要想健身类的选题，根据我办了健身房年卡仅去了不到十次的健身体验，我就觉得我们女生去健身房要穿的那个运动内衣特别难穿还特别难脱，每次要穿它的时候都"面目狰狞"，因为运动内衣比较紧，这样那样一弄，头发也乱了，得重新梳。而脱下来的时候也不好脱，我得弓下身子然后把手反向往背后伸，再往前用力一扯才能脱下来，然后又把头发搞乱了。虽然这些都是很小的细节，对我影响也不大，但往往就是那一瞬间，我会感到有点无奈甚至有点烦。那你想一想，如果你创作的内容，把这个我很烦的点放大并且夸张地展示出来了，让我瞬间就联想到自己的无奈体验，并且在心里开始认同：对哦，我也觉得这样很麻烦——你把我的痛点展示出来之后，再告诉我一个好的解决方案，能够帮我解决我的烦恼，我是不是就会觉得你的内容特别好、特别值得关注？还有一个小现象，也是跟运动内衣有关的。健身就会出汗，然后运动内衣就容易被汗浸湿，那肯定就需要经常洗啊。我不知道大家是怎么洗的，反正我比较懒，觉得手洗很麻烦，所以一般都是丢进洗衣机里洗。这个时候小无奈就又来了啊！内衣里的海绵很容易被洗衣机搅拌得走位甚至变形。那我总不能把它扔了吧，这也太奢侈了。所以我就得用手把海绵整理到恢复原状，但无奈运动内衣放海绵那里一般都只有一个很小很小的缝能够让我伸一根手指进去调整海绵，其余地方都封得严严实实的。大家可以想象一下让你套被子，却只给你留了一个巴掌大小的被单缝。烦恼是不是瞬间就来了？我每次调那个海绵都得搞上七八分钟。你想想，我作为一个健身小白，有这样的烦恼，那别人就没有吗？如果你帮大家把这个问题解决了呢？哪怕你不能解决，你直接把这些痛点罗列出来，出一个这样的内容——"健身的一百个崩溃瞬间"，这样是不是至少也能让大家感同身受呢？

这就是"深挖放大细节"的思考方式，它的重点是去找那些被大众忽视的小细节，然后在小细节上做大文章，把它们夸张地展示出来，最后如果能给大众提供一个好的解决方案就完美了，关注率一定大幅度上升。

置换场景

这个方法适合短视频内容创作者。其实很好理解：在海边穿比基尼的你并不新颖，但走到闹市去，你就新颖了。我发现现实生活中很多创意其实从严格意义上来说算不上真正的创意，那些人只是把 A 领域的老方法照搬到 B 领域，就成了新创意，说白了就是换瓶子不换酒，那么你是不是也可以这样操作呢？我在做短视频的时候就发现，至少在短视频领域这样做很容易。同样的健身类视频，你也同样教大家健身动作，但你不在健身房教，你跑到海底捞、饭馆、游乐园、书店这样完全不可能跟健身沾关系的地方去教大家健身呢？是不是就"新"了？

更换主体

在之前的内容里，我在讲"借力"的时候给大家举过一个例子。我说我有一个选题为"一句话猜一本书"，做出来的作品数据不错，于是接下来我打算做类似的视频选题："一句话认识一个哲学家""一句话猜一个作家""一句话猜一部电影"……

有没有觉得这些选题很像？但是很明显，它们又有些不同，对吧？

如果你看到了好作品，觉得它的选题思路不错，那么你可以试着把它提炼成一句话，然后试着去更换这句话的各个部分——主语、宾语、谓语，然后你就会发现，新的思路产生了。

比如某个美妆博主的大热作品是"普通人变美的三个思路"，如果你是一个知识博主，你就可以换成："普通人逆袭的三个思路""学生党省钱的三个思路"……假如你是健身博主："微胖女生瘦腿的三个思路""程序员保护颈椎的三个技巧"。看上去只是换了几个词，多么简单，但是新的灵感产生了。

事件倒叙

这个思考方式和上一个很像，但又不完全一样。伦理学上关于常规逻辑里有提到一种规律：按照事情发展的先后顺序……

这也是大众常规思维的一种，也是我们的思维惯性，那你可以怎么打破这种思维惯性呢？是不是可以按照事件的"后先"顺序去讲呢？

还是讲健身，别人都教"一个月练出马甲线"，你教"一个月让马甲线消失"，然后在视频里一本正经地教大家：想让马甲线消失，只要一个月的时间！每天这样做，你也能彻底消灭马甲线：（1）每天坚持喝 5 升可乐。（2）能躺着就一定不要站着，一定不要约束自己的食欲，想吃什么就吃什么，越油腻越有效。（3）千万要管住腿……

我写得不好，后面的内容最好是"反向专业干货"，也就是那种看似教大家如何让马甲线消失，实际是在教大家如何练成马甲线的专业干货，不过是反着说的干货。

你看，这样去出内容，是不是能让原本平平无奇的专业知识瞬间变得有意思起来，让人在忍俊不禁的同时还能学到知识，这也算是寓教于乐了吧？

发布命令，创造规则

好多年前看过一本叫《乌合之众》的群体心理学书籍，现在书里的内容忘得差不多了，直接说说我的收获吧。我看完这本书之后就有了一种很朦胧的意识：人是聪明的生物，但很多人聚在一起则不是，"人们"会变得很愚蠢、很容易被控制。

这种朦胧的意识在接触到自媒体这个领域之后变得更加清晰，因为我发现自媒体在某种层面上来看，就是把很多人在短时间内聚在一起，把他们聚在一起的东西就是博主发布的内容。这个时候人已经不是人了，人已经变成了流量。流量是什么？我认为就是虚拟的人群。既然是人群，是不是就有群体的特征？愚蠢、容易被掌控、冲动易怒等都是群体的特征，具体原因和相关研究大家可以自己去看《乌合之众》这本书，毕竟这些并不在我这本书的探讨范围之内。

我盯上了一个点：容易被掌控。我觉得创作者可以在这上面大做文章。不信大家可以试试，直接在所创作的内容里命令用户，给用户制定规则，很多用户真的会照做，甚至追随你、依赖你。这看上去似乎难以置信，但却真有其事。比如同样是健身，你直接做这样的内容——

按我说的做 100 天，就能瘦 20 斤。第一天：6 点起床吃早饭，早饭只吃 5 片生菜叶子、一个荷包蛋、半截玉米，7 点开始锻炼，做 10 个仰卧起坐……直接把一个人一整天要做的事情全部安排好。你信不信，关注率会很高？因为人类有时候真的会变"笨"，懒得思考，所以听从命令是一种更省事的方式。

组合牌

刚进入这个行业的时候，总是听人说：受众群不够大，内容过于小众，效果不会太好。

于是我就想：我就不能用一个内容针对好多个人群吗？既然单一的事物吸引不了太多人，那我把几件针对不同受众的事物组合在一起不就行了吗？当然，这个操作肯定是很困难的，直到有一天我发现我的瞎扯能力进化了，我开始觉得，把毫不相关的两件或者几件事物组合在一起好像也很简单。

比如你做健身内容的，那么你可不可以把健身和吹牛组合在一起，来个"萌新是如何在健身房听大家吹牛的"？把健身和八卦结合在一起："健身教练们的八卦"。把健身和恋爱组合在一起："如何在健身房磕 CP""健身追求教练的 99 天""瘦到 80 斤跟男神告白"。现在内容的受众群是不是就变大了？而且看上去还挺有新意，就像有人喜欢吃菠萝，有人喜欢吃鸡胸肉，你把菠萝和鸡胸肉放在一起炒，喜欢吃菠萝的人和喜欢吃鸡胸肉的人虽然看着都沉默了，但他们肯定都会看。

找共通点

中国的传统养生文化里有太极拳和八段锦。打太极拳有一个"相生相克，寻找万事万物的共通之处"的理念，认为世间万物，皆有共通之处。

我觉得这就是老祖宗留给我们的一个很好的思维方式：先摆出两件看上去毫无关联的事物，然后去寻找它们的相似之处。

还是拿健身举例：你看它是不是跟打游戏有相似之处呢？打游戏需要熟悉各种操作、设备，熟悉之后也玩上瘾了。健身基本也是，开头难，习惯健身之后就是一天不动浑身难受。那你再想想，我们是否可以像打游戏一样去教健身呢？

把一个不会健身的人当作一个不能动的洋娃娃，然后我们给他逐渐调整出一个正确的健身姿势，把这个调整过程像玩装扮游戏一样展示出来。

好了，八种思维方式我介绍完了，章鱼思考法的全部触手你都知道了，不知道对你是否有启发呢？如果看到这里你还没有一点灵感，我有理由怀疑你没有带着脑子认真看书哦。对不起，这么说显得我好凶的样子，这样说吧：阿鱼建议你再看一遍哦。

这部分的内容学到之后，就可以继续往下看啦，下面我要写关于找选题的内容了。

二、找选题的方法

谈一谈爆款选题。先说一下选题和观点的区别：我们围绕一个选题可以产生多个观点，所以这两者之间算是一个包含关系。在自媒体平台，选题比观点更重要，尤其像抖音那样的短视频平台（因为我在做自己的抖音账号，所以感触良多），能够找到自带热度和争议性的选题就已经成功一半了。以下是找到爆款选题的几个方法，有些你可能听过，至于那些没听过的，就是我自己研究所得。

九宫格选题法

我想做过新媒体的朋友应该都知道这个方法。不过我还是有必要再简单介绍一下，因为我介绍的方法和原本的方法有些小小的出入（私人口味的修改）。

顾名思义，请你先画一个九宫格，然后在最中间那个格子里填上话题。比如我在写这部分内容的时候正好是 12 月 22 日，马上就要到圣诞节了，我肯定需要出一篇关于圣诞节的文章，所以我的话题就是"圣诞"。而我所在的公司是一个教育公司，专门教人拍摄和剪辑视频的。我到底要发一篇什么样的文章呢？不知道？九宫格走一遍。

第一步

先画两个空白的九宫格，然后填充第一个九宫

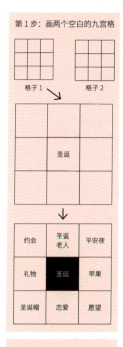

第1步：画两个空白的九宫格

格子 1　　　　格子 2

	圣诞	

约会	圣诞老人	平安夜
礼物	**圣诞**	苹果
圣诞帽	恋爱	愿望

第2步：填充"格子 2"

电脑（软件）更新	熬夜	脱发
护眼	用户标签（视频剪辑）	技术流
快捷键	蒙板	剪辑大佬

第3步：关联产品

宣传片	小白入门	免费试听
送软件	视频剪辑课	行业大咖分享
自媒体剪辑	影视剪辑	72 节课（有直播）

格，在最中间的位置填上"圣诞"，这是我们的话题。想八个关于圣诞的、可能会受欢迎的关键词，填满这个九宫格的外围。

第二步

填第二个空白的九宫格，在这个九宫格最中间的格子里填上"用户标签"四个大字。

想八个跟你的目标用户相关的标签，因为我们公司是做视频剪辑的教育公司，我发的文章主要是给学员或者潜在学员看的，所以他们的主要标签肯定与视频剪辑有关。那么，想学视频剪辑的人都有怎样的特征呢？他们平时最喜欢什么呢？如果你是卖裙子的，你就想想哪些人会喜欢穿裙子，她们平时爱干什么，喜欢什么，爱去什么地方，把你想到的化为关键词填满周围的格子。

第三步（可用可不用）

如果你需要在文章里卖你的产品，或者推荐属于你这个行业的东西，你就再列一个空白的九宫格。照葫芦画瓢儿，在中间填上你的产品标签或行业标签，围绕这个词去想八个关键词。比如我还想趁这个机会推广我们公司的视频剪辑课程，那么我就在中间填上"视频剪辑课"，在周围填满产品标签关键词。

第四步

把我们列出的所有关键词拿出来，分类列成两到三列，像下图这样。然后，让我们开始做"连连看"吧。

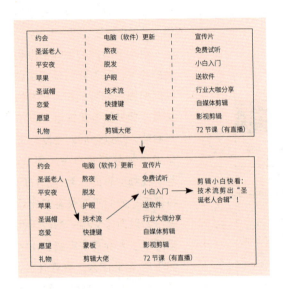

总　结

你看，通过这样的排列组合，我们是不是已经产生很多个选题了？我们现在完全不愁选题了，随便从这些里面挑一个出来，选题不就有了吗？

选题漏斗

其实，出选题不难，难的是出好选题。

对大多数人而言，用我说的出选题的方法，确实能琢磨出好多个选题，但问题是，不知道自己琢磨出来的选题能不能火。

有一种痛苦是你殚精竭虑地琢磨出了一个选题，觉得这次肯定能火，然而现实却给你当头棒喝，你写的东西一个赞都没有，压根儿没人看。

长此以往，我们就会开始自我怀疑了——自己是不是根本没写文案的天赋啊？许多文案初学者都是在这个过程中放弃的。

解决这个问题的方法我在最开始讲用户思维的时候就提过一个，我说我们可以依靠"数据"，那除此之外是否还有什么方法呢？有！增加选题成为爆款的可能性。只有看得见成绩，人们才能坚持下去。

如何增加输出爆款选题的可能性呢？筛选。

让我们看看下图的漏斗模型，这就是我们用来筛选爆款选题的方法。

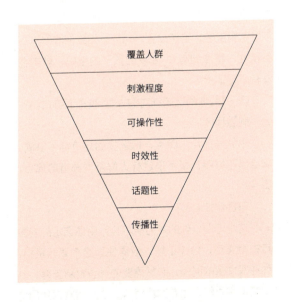

覆盖人群

这是漏斗的第一层。在这一层，我们要确定，我们的受众足够广，这样进来的流量才够大。你想，如果你的文章针对的人群在社会上的占比本身就不大，那么就算这个人群全都看了你写的文章，全都给你点赞了，也没有几个人，你还怎么指望文章能爆火？我们都知道还有一个词叫"精准"，那么在受众广和精准之间，我们该如何去把控呢？

如果你的文章暂时没有商业目的，但你以后想卖书，那么你覆盖的人群选择"知道读书对自己好的人"就比"喜欢读书的人"要广，并且这些流量也是精准的。世界上有几个人不知道读书是件好事，但又有几个喜欢读书呢？谁说书一定要卖给爱读书的人呢？书也可以是不爱读书但又知道读书好的人的安慰品。

如果你的文章有明确的商业目的，比如是为了卖适合 5—8 岁小孩的奶粉，那么你的覆盖人群应该是宝妈宝爸，当然以宝妈为主。如果你非要进一步精准，精准到有 5—8 岁的孩子的宝妈，就实在没有必要了。

想一想，你的选题针对的人群，覆盖面够广吗？

刺激程度

也就是痛点、嗨点，选题找的痛点够不够痛，嗨点够不够嗨？是不是目标人群基本都有的痛点、嗨点？

可操作性

这个选题以你的能力能写吗？用你选定的刺激点去写文章，你能不能驾驭得住？这个驾驭是指，你在写文章的时候，必然需要的一些材料支撑，其中有文字材料，也有图片材料。这些材料以你的能力是否找得到呢？或者作为文章的刺激点，以你的文笔能不能驾驭？这些都是你需要去考虑的。

时效性

主要针对热点类的文章，即，这个选题有时效性吗？会在什么时候达到高潮？你写文章需要多久？写完再发还来得及吗？会不会没写完热点就过去了？

如果热点都过去了，你自然就没有蹭的必要了。

话题性

你选的话题是当下的热门话题吗？争议够大吗？能引起大众的讨论吗？这个话题你找到的切入点够犀利吗？

传播性

你写的这篇文章发在哪里比较合适？什么时间点发合适？你应该以什么样的人称和视角去写，才更容易让文章有高传播率？

用爆款写爆款

这个方法很好理解。你去看看最近什么内容上热门了，哪个视频火了，就去研究它，研究它的文案结构，然后用同样的结构去写内容。那你说，用一个爆款内容框架去写内容是不是会更容易出爆款呢？

比如你最近刷小红书，看到一个读书博主在推广一本心理学方面的书，从她的数据来看非常不错，于是你就把她视频里的文案提取出来，进行分析，提炼出一个一样甚至更好的框架，然后再根据这个框架去写文案。写出来之后拍了试试，看看数据如何，如果数据也不错的话，那是不是说明，这个框架没问题，以后如果要推广心理学方面的书，都可以按照这个框架写呢?

下面,我想向你详细展示一下,如何找爆款、提取文案、分析文案、根据框架创作文案等一系列环节。

首先是找到爆款,提取文案。如果你看着视频亲手一个字一个字地把里面的话打出来,这肯定是有点浪费精力,太慢了。现在是 21 世纪了,有很多智能手段。

在小红书、抖音、快手这样的短视频平台,如果你选中了一个爆款视频,可以直接点击分享按钮,复制链接;然后打开微信,搜索关键词"轻抖",就会出现一个轻抖小程序;点进去,你就可以在里面发现一个叫作"文案提取"的功能;继续点进去,然后粘贴刚才的短视频链接,就可以开始提取文案了;最后,你直接点复制,就可以把文案复制粘贴进自己的文档里面进行分析了。

现在我们已经把爆款文案提取出来了，接下来就分析结构吧，比如这篇来自小红书博主 @ 小嘉啊的文案。

生活中太在意他人评价、耳根子软、很容易被别人意见左右。（列痛点）

人家一个语气、一个眼神儿就开始疯狂自我怀疑的朋友，不要再一味抱怨自己性格如此了，很多时候，你只是没有发现身边那个对你指指点点的人，是个蠢货！（进一步描述场景戳痛点，再抛出亮眼的观点或结论）

一本有趣也让人很受启发的书《愚蠢心理学》，分享给你们。很多书都在教人变聪明，它就告诉你聪明的前提，是先学会分辨愚蠢。为什么容易被PUA？为什么别人一句话你会难过好久？是因为某种程度上你觉得他说的话没啥问题。事实是，他的逻辑有可能根本狗屁不通，他的观点完全经不起推敲，你只是被他大义凛然的姿态蒙蔽了。(给答案，抛产品差异点，顺着逻辑说服观众)

这本书，帮你一一盘点生活中那些常见的蠢人蠢事蠢话，揭穿背后的事实和真相。(总结卖点)

核心就一点，麻烦您以后不要再因为蠢货的一句蠢话彻夜难眠，深受其害了。书里说："无知比知识更容易产生自信，蠢人貌似任何事都知道得比你多，包括你的所思所想、亲手做的事，他看起来比你更懂你是谁。什么对你来说是好的？周围群众越蠢，受害者就越百口莫辩。"(抛细节，进一步延伸并解释卖点)

31 位全球知名经济学家、神经科学家、哲学家、社会学家联合编写，实用性干货爽文。大佬们把身边那些让你糟心的奇葩人、奇葩事儿有理有据地骂了个明明白白。(总结产品优势，强调权威性，增强说服力)

以后再遇到给你添堵的人，感觉里面很多回击话术可以不带脏字儿地，让他远离现场。想要内心强大，脑子得先清醒起来，这样才不会被生活中的蠢货伤害，也不会轻易成为一个蠢货。(引导购买，给出药方，并说明里面有什么药、可以治什么病)

你可以看到，我首先对这个文案进行了分段处理，然后再分析该文案每段的写作目的是什么。接着我会总结该文案在结构上有没有什么不足，是否有不利于我自己的创作、可用可不用的结构。最后一定要写上这个文案的字数，这点很重要，因为做自媒体，内容时长往往是直接跟完播率挂钩的。

那么根据我的分析，我认为这个文案结构最好的是在开头戳痛点的步骤上，它是由抽象转具象，层层深入的，很值得借鉴。中间有些部分就显得有点多余，对我来说，是属于可用可不用的。我的短视频时长一般要控制在 1 分钟左右，文案就是 350 字左右，所以我认为，中间部分有些结构，我是可以去掉的。

接下来，我马上就用我自己调整过的文案结构写了一篇新的文案，推广了另外一本书，也属于心理学自助的书籍。

时常觉得自己的生活一团糟，效率低，专注力差，想谈恋爱又觉得自己没时间，计划周末学习却每次都在周一早上才后悔自己又浪费了一个周末的朋友：

千万别觉得这一切都是因为自己不自律。你只是对自己的身体和大脑用了一个错误的打开方式，导致自己该玩的时候没有好好玩，该工作的时候又觉得心累。

我们今天把这本极有可能改变你生活方式的书——《高效能人生》，推荐给你们。

别的书喜欢教你怎么克服拖延症、怎么自律，这本书教你怎么玩，怎么才能不把工作带回家，怎么告别低效勤奋，事业生活两手抓，实现人生双赢。

作者迈克尔·海亚特是全球知名高效能专家，生活和事业双赢的典范，还作为封面人物登上过《华尔街日报》《福布斯》等知名刊物。他认为，工作和生活不应该是对抗关系，我们有方法平衡它们，但许多人却花了大量时间去否定自己的人生。所以他分享了自己的平衡法则，主要内容可以概括为五项原则：

1. 多面定义人生的成就，生活是多维度的，成功也是。

2. 用自我约束提高创造力，控制工作时长。

3. 校正自己的期望和重心，修正超出能力范围的野心。

4. 及时暂停，不要把一切变得有目的性。

5. 重塑睡眠习惯。

通过他对这五项原则的详细分享，我终于明白为什么有些人能够事业家庭双丰收了。在工作的同时也有属于自己的生活，原来非常简单。用书里的一句话来说就是：你不必过一种前途未卜、压力倍增、心情沮丧、创造力枯竭的生活，我们有更好的解决方案。

你看，两篇文案内容截然不同，但是我现在是不是已经完成了用爆款写爆款的工作呢？

Chapter Three

第三章

自媒体标题
"十三式"

想一想，你会怎样爱上一个人呢？一见钟情？

我看你第一眼，对你感兴趣，再深入了解一下，嘿，果然有点意思……

看看，爱的前提是感兴趣！

所以，在这个美女靓仔成堆的时代，你不能说皮相不重要；在这个信息爆炸的时代，你不能说标题不重要。只有让读者看一眼你的标题就被挑起了兴趣，你的文章才有被认识和认可的可能。

读者因你的标题感兴趣，并产生了对文章内容的期待，然后他点进去看，看到了他期望看到的甚至是让他惊喜的内容。这时，你就获得了被关注和点赞的机会。

不过有一个摊在我们面前、令人特别无奈的事实是：漂亮的花瓶很多，却没几个是真古董。

总之，对于一般水平的新媒体编辑和自媒体写手来说，先取一个好标题，总是没错的，文案的打磨先别着急，那是之后的事情。

这里有一个关键词叫"行为桩"，你可以把它简单地理解为"人性的弱点"。

不知道你有没有仔细观察过你周围的信息。比如微博热搜，其实那些明星的八卦绯闻、网红秘事跟你毫无干系，你知道就算了解了事情的来龙去脉也不会对你的生活造成影响，但你还是会津津有味地"吃瓜"，有时候甚至为了搞清楚这件事情到底是怎么回事，宁可浪费自己几个小时的时间去网上看大量的文章。

你有没有想过，你为什么会这样做呢？

其实这种"吃瓜心态"就是我们人类的行为桩之一。

行为桩能够被某类特定的事件或者某种特定的表达所刺激，当行为桩被刺激后，具备该行为桩的人群就会不受控制地完成刺激发起者所引导或暗示的行为。

听起来有点像我们生物学上的应激反应。原理确实有些相似，不过我说的行为桩不属于生物学范畴，如果非要让我把它归到一个领域，我想把它归于"心理学"范畴比较合适。这个名称是我自己取的，定义也是我下的，相信大家现在肯定理解它了吧？

当我们给文章取标题时，我们就是那个"刺激发起者"，而我们要踩准行为桩，你可以简单理解成人性的弱点，但不能狭窄地理解为人的痛点、痒点、爽点，因为人性的弱点不止这三个点。我们作为刺激发起者，要想办法用文字作为刺激点，去刺激我们发现的某个特定人群（也就是我们的目标用户）身上的行为桩，通过文字给他们发起行为暗示，让他们做出"点进我们的文章"这种特定的行为。

这听上去很难，对吧？但这是最有用的。说实话，我仍然不敢保证我能够在取标题这件事上做到完全地踩准行为桩，因为我们首先要通过调查分析去判断我们的目标受众身上有哪些行为桩，还需要找到能够刺激行为桩的刺激点，与此同时，还需要埋下行为暗示的指令。

不过，到目前为止我已经从事了几年的文案事业，还算是有了一些经验。通过不断摸索后发现，一般而言，人的身上会有什么样的行为桩（或者称"行为表现"），还是容易认识的，以下我将一一道来，供你参考。

一、好奇心

原 理

好奇心是全人类普遍存在的一个行为桩，每个人都有好奇心，这是天生的，就和我们生下来就想张开眼睛看看这个世界一样。但是好奇心这个行为桩虽然辐射范围最广，原理上最有效，但也是最难利用的。难就难在，我们很难找到合适的刺激点去刺激它，因为每个人的好奇心这个行为桩的敏感度不同，所以刺激点也不同。经我测试，大多数人的好奇心行为桩，都会被颠覆认知、恐惧未知、验证已知猜想这三种刺激点刺激到。

缺 点

自媒体刚兴起时，有太多人使用过这一招，尤其是"UC震惊部"，而且当时起这种标题的文章还往往是烂尾文，导致现在许多读者对这种套路已经厌烦了，所以这种标题也不会像以前那样灵验了。毕竟，人一旦熟悉某种套路之后，套路就不再是套路，而是束缚创作的套子了。以下是曾经火过的一些文案标题，你看着肯定会感到很熟悉，它们都很好地踩中了好奇心行为桩。但正如含羞草一直被刺激就会变得"不要脸"一样，若读者的好奇心行为桩一直被同样的方式刺激，那么这个刺激点也就不再敏感了。比如：

——《太可怕了，身边的年轻人都得了这种怪病》

——《愿你成为一个被嫌弃的人》

——《为什么请女友吃饭不能用优惠券？》

我刚才说了，以上这些刺激好奇心行为桩的刺激路径已成为过去时了，不过这并不代表我们再去刺激好奇心行为桩就不灵了。这些刺激路径过时了，我们就要创造新的刺激路径。怎么个新法儿呢？我把这几个标题修改一下，让表达的内容不变，但包装的套子变化一下。

案例 1：求知欲

《太可怕了，身边的年轻人都得了这种怪病》

改：《职业焦虑贩子：我单凭洗脑 90 后就赚了北京一套房》

刺激路径分析

乍一看是不是觉得这两个标题什么关系都没有，完全不一样啊？别急，我给你说说原文内容讲的是什么你就懂了。原文讲的是，现在年轻人都有"焦虑"这种怪病……

这个时候你再翻回去看之前的标题，无语吗？好了，不仅你无语，读者也会很无语。你用标题把我骗进来，结果就跟我讲这么个玩意儿？如果你因为这个标题点进来看这篇文章的话，你气不气？有没有一种上当受骗的感觉？你都觉得被骗了，那你想读者会给作者点关注、给文章点赞吗？

所以让我们一起来反思一下，以前这类文章取标题最大的问题是什么？

标题与文章内容的黏性不强。

它本身是踩准了一条很不错的好奇心行为桩的刺激路径：福勒效应＋猎奇词＝强烈探知冲动。福勒效应大家可以去百度一下，简单来说，就是一种"对号入座"式的、非常普遍的心理现象。你看他说"年轻人都……"如果你是年轻人，是不是会对号入座呢？再往后看，他又说"有这种怪病"，"怪病"一词本身就具有强烈的猎奇属性，这两者加在一起，就会让读者产生忍不住点进去看看的冲动。

刺激路径很好，但这个标题用得不是很好。

那我们用这条刺激路径可以怎么写？我可以写《这个针对年轻人的阴谋，你一焦虑就中招了》，但我为什么没有用这个标题呢？因为用这样的刺激路径写出的标题会让人感觉这是一篇没有深度的文章，如果读者文化素养较高，就对你不感兴趣了。

其实，用这种刺激路径写出来的标题基本都会给人这样的感觉，但它还是好用的，如果你需要写那种会在文末加硬广的文章，就可以利用它。但我认为，焦虑这个话题还是很有深度的，不该用这样的路径。

所以我选了另一条刺激路径——制造新词＋福勒效应＋利益。标题里的"焦虑贩子"指的是制造鸡汤文、视频，把你的生活贬得一文不值的人。人们总是对新事物充满好奇，因为没人想成为一个落伍的人，所以当他看到一个自己似懂非懂的新词时，就想了解这是什么意思，这属于好奇心里的求知欲。

用这种方法，如果你运气不错，水平也还不错，在文章里解释清楚了"焦虑贩子"这个词的意思，列举了因制造焦虑而暴富的例子，还指出导致这一现象的原因，发表了不错的观点并形成了号召呼吁，给读者带来期待之外的惊喜（这里的期待是指读者看了你的标题之后对文章内容的期待），那么，你因为一篇爆文而一战成名的可能性也就有了。

总　结

显然，你从我刚才的解析里学到了两条刺激好奇心行为桩的刺激路径，但我想跟你强调的是，标题一定要跟文案主题有强关联，不然就是对读者的背叛。

案例 2：获答欲和八卦欲

《愿你成为一个被嫌弃的人》

改：《你身边那个被嫌弃的人，现在过得怎么样？》

刺激路径分析

原文讲的话题是不合群，并指出因不合群而被嫌弃的人往往比较优秀。这个标题和文章主题是强相关的，而且一定程度上来说，写得并不差，它用的套路是——美好动词＋贬义名词。"愿"就是有美好含义的动词，"被嫌弃"就是有消极含义的贬义词，这样的套路会让读者产生疑问，因此会抱着获取答案的心理点进你的文章，这是获答欲。可惜，前两年许多鸡汤文都用这套路写标题，所以这种标题一出，读者就闻着味儿了——鸡汤味儿，因此点击率就不会太高。

还是那句话，被人熟悉的套路就是套子。说实话，我修改之后的标题虽然很一般，但从满足读者的获答欲变成了满足读者的八卦欲，改变了对好奇心行为桩的刺激点。下次你写这种偏鸡汤的文章实在想不到好的标题时，或许可以试试。

总　结

通过以上解析，你了解了好奇心里的八卦欲和获答欲之间的区别。

案例 3：探索欲，统一战线

《为什么请女友吃饭不能用优惠券？》

改：《凭什么请女友吃饭不能用优惠券？》

刺激路径分析

文章内容我就不说了，看完标题你就知道文章会讲什么。来说说我为什么非要把"为什么"改成"凭什么"吧。原标题其实还不错，受众明晰，就男性生活中很常见的话题进行提问，这种问题要么是问出了部分男性的心声，要么是打破了部分男性的认知。如果一个男性经常用团购券，他就会觉得，这有什么不能的？而另一部分男性自然会想，对呀对呀，为什么？而我改了一个字，那个字影响了那群会追问你"为什么"的男性。"凭什么"这个短语不仅提问了，而且还带有强烈的情绪，这种情绪正是那部分经常用团购券的男性的情绪。你用这样的提问方式，会让他们更有认同感，觉得你是自己人。这时读者就会认为你是跟他同仇敌忾的战友——支持战友岂不是理所当然的事情吗？

总　结

这种标题的写法考验的是作者的洞察力，需要作者洞察的点足够准确且受众广。关于标题的写法，我们要记住这一点：提问式的标题少用"为什么"，多用情绪更强烈的提问词。

写到这里，利用好奇心写标题的几种常用套路就解释完了，突然想给大家布置一个作业。没错，看书也有作业，你就当我是魔鬼吧。有没有发现我刚才说的几种套路里提到了两种词：自带猎奇属性的猎奇词，自带强烈情绪的疑问词？请拿出手机，打开今日头条之类的信息平台，刷上一百来个标题，注意是只看标题，收集一下哪些是猎奇词，哪些是疑问词。两类分别收集二十个，共四十个，给自己交个作业吧。

你以为如何呢？说干就干吧。

二、名利欲

原　理

人并非天生就对名利有渴求，追名逐利的欲望是我们后天形成的。其实，与其说去追名逐利，不如说是我们对美好的向往。所谓名利，不过是我们随着成长逐渐意识到它是好的东西，美好的东西谁不想要呢？有人可能会觉得这样的想法很俗气，但我们不得不承认，基本上，每个人都会在长大的过程中形成这样一个行为桩。我不认为这说明人类成了金钱的附庸，或是名利的走狗——

我认为，追求美好的一切是所有人的后天习性，我们来到这个世界上，肯定是想往好了奔的。当然，每个人对名利的追求又不一样，有些人求财，有些人追求帮助他人，有些人追求获得美名或自我认可。这些都算是名利。

换言之，我们对一切美好心向往之。

示　例

《运营人！3 天学完这门课，工资立马涨3000！》

《1 分钱领西瓜，先抢先得！》

刺激路径分析

这种方法的难点还是在于寻找刺激点，我刚才说了，不同的人对名利的追求点不一样，那么你心中追求的美好目标是什么？需要先想清楚这个问题，再试试按照"谁 + 怎么做 + 可以得到什么好处"的逻辑去写标题，直接把美好展现在读者眼前。但公式是死的，人是活的，我们在运用的时候可以更灵活一些。比如，你可以把"谁 + 怎么做"放在一起表达，比如"运营人！3 天学完这门课"，你可以说"学 3 天运营"。

缺　点

被人用得太多，现在读者一看到就觉得反感。但这种方法我们其实是可以一直用下去的，只需要在用词和语气上做一定的调整，让读者看不出来即可。比如前面例子里的《运营人！3 天学完这门课，工资立马涨 3000！》，我们可以稍微做点调整，改为《运营精华学 3 天就行了，这行只看能力不看工作年限》。其实表达的意思差不多，但是改过的就不会让人立刻反应过来这是套路，而且改过的标题其实也暗示了可以得到的好处，"只看能力不看工作年限"不就在给人暗示，或许你可以用3天超过别人3年的努力吗？

总　结

现在不能让标题显得太过套路化，需要在用词上进行调整，与时俱进。另外，倘若针对的受众群体很宽泛，对这个群体没有明确的称呼，那么不加群体称呼也可以。如果做新媒体编辑，肯定有机会写送福利、搞活动的推广文，面对这类文章的标题，如果你掏空心思也没什么其他想法，不如就按我说的来，简单直接且屡试不爽。

三、损失规避与恐惧未知

原　理

首先简单解释"损失规避"，这原指一个著名的消费心理学现象，即人们同时面对同样金额的收益和损失时，大多数人都认为损失给自己带来的心理刺激更大，损失带来的负效用为收益正效用的2至2.5倍。也就是说，你丢失100块的痛苦程度会大于你捡到100块的喜悦程度。我们在写标题时也可以用到这个原理，即明确读者不看这个文章会损失什么。

"恐惧未知"跟这个原理也很类似，所以我把它们放在一起。两者的不同之处在于："损失规避"是直接点出你不看会蒙受什么损失；"恐惧未知"

是利用一个现象，暗示读者不看这个文章会有一个令他害怕的结果，让读者产生更强烈的情绪，为自己的未来担忧。担忧的是什么？其实还是担忧损失自己现有的东西。我想"损失规避"和"恐惧未知"的差别在于：一个明确地告诉读者你不看文章会损失什么；一个告诉读者你不看文章会损失你现有的东西，但又不明确告诉你会损失什么。

示 例

《毕业后工资比同学少一半，只因不知道这个常识？》

《幸好了解这种套路，不然又得花 2 万枉钱》

《面试说错这句话，居然直接让我失去工作？》

以上三种是利用损失规避心理写出的标题，而制造恐惧则稍有不同，我举几个例子，你们可以仔细感受一下。

《满脸痘印，就因为睡前少做了这件事？》

《95 后程序员加班猝死，死因是坐姿不对？你平时坐得正确吗？》

刺激路径分析

可以看到，恐惧未知这个刺激点与损失规避相比，会在开头直接制造一种现象，这个现象是严重的，是读者不愿意面对的，而且会不停暗示读者这个后果严重但又不说到底严重到哪种程度。

我们可以明确为一个公式：

损失 / 读者不愿意面对的现象 + 故作悬念的原因 + 疑问

缺　点

还是被人用多了，现在让读者有点厌烦了，不过读者接受起来还是比前两种宽容很多的，只要你踩的痛点对了，读者还是很愿意点进去看你的文章的，所以写这种标题，一定要深入洞察你的受众群的需求和痛点，具体怎么了解你的受众群，可以多收集一些数据进行分析，数据不会说谎。

总　结

这种方法一般适用于教育、健康医疗和科普领域，大范围来说，只要你的文章是围着明确的知识点来说的，都可以用这种取标题的方式。当然，使用效果因人而异。

四、数字高潮

原　理

人们做过很多实验，表明数字天然就可以给人带来强大的冲击力，抓住人的眼球，在读者脑中瞬间形成具象的东西。以阿鱼我来说，数字会让我感觉特别爽，有一种莫名的情绪刺激，而且这种刺激还很上头。所以我把这种行为桩称为"数字高潮"。比如我说 100，有些会觉得是钱，有人会觉得是自己今天掉落的头发根数（没错，这个人就是我）……

总的来说，这个行为桩可谓毫无缺点，但想用好却是个技术活。

案例 1：数字匕首

《一生必看的 10 本书》

《好吃到让我疯狂爱上北京的 30 家外卖》

《12 月最流行的 10 首歌，你听过几首？》

刺激路径分析

可以看到，这种刺激路径十分简单直白，我给它取名为"数字匕首"，即在你原有的标题基础上直接加入数字，就像匕首捅人一样扎心。重点：想办法在原有标题的基础上加上数字就行了。

案例 2：反差冲击

《我有 10 个职场经验，价值 100 万，但今天免费告诉你》

《30 位企业家 10 年的创业经历，最终汇成了这 3 句话》

刺激路径分析

使用的时候，一般要使用两组数字，并且让这两组数字形成强烈的对比，让人有做出选择的强烈冲动。

缺 点

适用范围其实比较受局限，很多标题还是很难跟数字扯上关系的，而且你不能总是使用同一种套路。

总 结

因为人类对数字天生敏感，所以，我们往往会一眼看到标题里面的数字。某种意义上说，数字已经成为一种符号象征，所以我们最应该注意的就是辨识度。你在标题里加入数字的时候，不能只想着加入数字就完事了，还应该想想这个数字要怎么加，才能让读者一秒得到你的暗示。

我举一个愚蠢的例子。比如你的标题想说一个人买彩票中了 100 万，你会怎么加数字？你不可能加"1000000"吧？读者还得数一下有多少个 0 才能知道你说的数是多少，所以肯定得加"100 万"，注意是"100 万"而不是"一百万"，其中的区别你是否能体会到？"一百万"虽然也是数字，但它在一堆汉字里，读者可不能第一时间反应过来这是数字。

五、群体认同

原　理

众所周知，人是群居动物，找相似是我们的原始天性，如果你的标题戳到一类人，那么你就成功了。标题的语气一定要让读者感觉到"我是跟你站在一边的"，就像女生总会因为讨厌同一个人或者喜欢同一件事物而成为好朋友一样。

示　例

《富二代拼爹不公平？其实很公平！》
《凭什么长得丑就不配做颜狗！》
《到底要做些什么才能月入过万？》

刺激路径分析

语气要么亲密，要么八卦，情绪一定要足够强，这时能够加强情绪的标点符号该用一定要用。重点，你要找对人群，一种标题只能戳中一类人的行为桩，一定要先想清楚你的文章到底想吸引谁。

缺　点

如果你瞄准了一个人群，那就代表，你可能会失去其他人群。所以用这个方法就像投资，需要谨慎下手。

总　结

我记得还在上大学的时候，我就经常"主动地去做一些迫不得已的事情"。比如，我会为了尽快融入寝室氛围而晚睡晚起（其实没人逼我），吃我并不喜欢吃的东西，这是我为了获得群体认同所做的主动行为，可我做得并不开心。之后，我遇到了一个女孩，我发现她也不喜欢吃我不爱吃的东西，她也不爱晚睡晚起，于是我跟她在一起才一天，就掏心窝子地把她当作好朋友，主动选择跟她在一起，因为我有一种找到同类人的感觉。这期间我对她做的，也是为了获得群体认同，我做了，并且做得很开心。

可以看到，这两种路径，其实都是我群体认同的行为桩被刺激到了，虽然它们最后的结果都差不多，但其实质有很大的区别，这些区别如果被我们应用到文字领域会被放得更大。前者，是我改变自己，进入群体认同之中；后者，是我被吸引后主动进入群体认同。这两者，孰好孰坏，显而易见。

我的建议是，尽量使用后者，但是在一些特殊情况下，前者也能帮我们达成目的。在文字表达上的区别就是，后者的文字情绪更强，前者的情绪一般偏高冷。

六、矛盾探知

原　理

知道大街上出事为什么总有那么多人围着看吗？因为人都喜欢看热闹，而自媒体文章，如果你的标题传达出你要讲个热闹或矛盾的事情给大家听，一些读者就会抱着"不如看看热闹"的心态点进去，而且看了说不定还喜欢评论两句，一来二去，这篇文章的热度不就起来了吗？

示　例

《××公司回应强制员工自费买手机：彻底怒了！》

《小米凭什么敢叫板三星？》

刺激路径分析

这条路径的缺点是做"挑事儿精"也不容易啊！矛盾不是那么容易制造的，我们在写这类标题前需要先明确一个问题——我想要哪类人和哪类人产生矛盾？

缺　点

使用机会比较少。毕竟，一般来说，我们能出的有矛盾的内容其实还是比较少的。

总　结

这种标题适合写热点文案，或是有关各种娱乐八卦的文章，想准确把握这种心态，你自己需要先当一个合格的"吃瓜群众"。

七、标签认知

原　理

这种取标题方式更倾向于在把一件事说清楚的基础上，尽可能地贴上群体标签，这样能够让读者快速对号入座，而需要说清楚的事则是标签对应的人群当下的痛点、痒点。认领标签这个行为桩也是我们后天形成的。随着我们不断成长，社会、家人甚至自己总是会不知不觉地给我们贴上各种标签，这些标签贴久了，当我们看到相似的标签时，就会觉得这个标签说的就是我们本人。

示　例

《给你说个笑话，我是做互联网的》
《创业狗谈什么性生活？连生活都没有好吗！》
《我是 90 后，我不敢看体检报告》

刺激路径分析

我们想要了解一类人的苦闷、欢喜，往往需要下很大的功夫，甚至需要融入其中，但我们是不可能百般经历都去体验的，所以要想准确抓住一类人的刺激点，就需要我们像演员一样试着和他们的生活共情，做到真听、真看、真感受。

缺　点

这条路径的缺点也很明显，痛点不是那么好抓。

很容易出现抓不准的情况，那这个标题在一定程度上，反而会起反作用。所以需要作为创作者的我们平时经常去看类似的文章，尤其是文章下面的评论，这样可以帮助我们更好地揣摩用户心理。

总　结

"贴标签"其实是最常用的取标题方式，其实标签不重要，重要的是标签之下的痛点，因此，同样的方法，痛点抓得准和不准，最终出来的效果有天壤之别。

八、听故事

原　理

我们从小就喜欢听故事，我想是因为大家都喜欢从别人的故事里感受自己的情绪吧。人本身就是感性动物，普通人的生活没什么故事，好故事一定会充满意外、痛苦和惊喜，要有起承转合、艰难困苦，所以大家不会希望故事发生在自己身上，因为一旦发生，就意味着自己需要遭受一点"事故"了。

示　例

《25 岁为情自杀，30 万人为她送行》
《边送快递边读书，他考上了名牌大学》

刺激路径分析

故事一定要有足够的起伏才能让人听下去，所以简单总结一下方法，就是一句话：讲一个吸引人的故事。

缺　点

太平淡的事情没必要讲，所以用标题讲故事其实是需要创意的。一般来说，我们从内容本身入手，然后进行增色。好的故事基本上会有反转、对比，所以在写的时候可以尽量从这方面入手。

总　结

我们讲的故事最好不要太有距离感，一定要贴近生活，故事之所以让人着迷，就在于它能让我们有丰富的想象空间。即使你想讲一个完全脱离现实的山精海怪的故事，也务必跟我们人类的现实生活扯上一点关系。

九、情绪围观

原　理

你突然看到一个人骂街、大哭或大笑，你会不会想知道原因？如果说大家都看热闹不嫌事大，那么这个方法就是：让自己成为那个热闹。不过缺点是，措辞太激烈容易被平台限制……

《"改篇稿子""改个Ｐ！"》
《那些指责受害者的，就是强奸犯的帮凶！》
《比直男癌更让人恶心的，是直女癌》
《生活不只有诗和远方，还有傻冒甲方》

刺激路径分析

让自己成为热闹本身也是有技巧的，我们需要尽可能地利用情感强烈的词语，并且还要经常使

133

用感叹号！要言语过激但是不能飙出过于粗俗的词语，不然会被平台限制。

缺　点

这种标题是不适合给一些真正的深度好文的，因为过激的情绪就代表了言语的简单粗暴，很容易给人内容肤浅的感觉。

总　结

这种取标题的方式不能常用，偶尔用用就行了，不然会引起受众反感。另外用词需要把握分寸，即情绪强烈，但别强烈到让平台直接把文章封掉的地步。或许你可以学一点语言技巧，让你的标题不带情绪强烈的词语却能传递强烈的情绪。

十、名人热点

原　理

这个方法准确来说就不属于行为桩了，只是热点事件和名人明星本身就自带流量，而且对于热点事件，平台会自动给你更多的推荐量，基数大了总会有人看。

示　例

《赵雅芝年轻 20 岁的秘密》（某化妆品的软文标题）

《杨幂新剧造型，肖战表示心跳加速》

刺激路径分析

名人本身具备的粉丝效应无疑能大幅度提高你的文章点击率，这种取标题的方式其实就是追热点、蹭流量。但前提是你要及时追到热点，蹭明星流量的前提是你要抱对大腿，小明星肯定没什么用，对吧？

缺 点

使用范围有限，毕竟不是所有内容都能跟明星扯上关系的。但倘若你的文章可以，那就不要放过这波流量。

总 结

这种标题适合娱乐八卦博主，即专门写明星八卦的圈叔站姐们。但这并不代表普通领域的创作者不能使用，如果你的创作方向能蹭上明星，那就蹭一下，比如餐饮领域：《胡歌拍戏都要溜出来吃的餐厅……》

十一、文艺脑洞

原 理

这类标题需要文学水准稍微高一点的人才能使用，简单来说，就是你的标题让人一看就觉得有文化、有深度，同时还能从标题里了解到你想表达的重点。

案例1：反义词 + 比喻

把你想表达的主题放在最前面，加上一个形容词，再在后面用另一个合适的事物去比喻你的主题，在这个事物前面也加上一个形容词，要求这个形容词和形容主题的形容词是反义词。

《好文案，都是坏孩子》
《再温厚的老师，在学生面前都是大嗓怪》
《勤劳的运营不过是懒惰的搬运工》

案例 2：改编名句

把著名的网络名言、耳熟能详的诗词，通过替换、增加、减少原句里面的关键词，成为你想表达的主题。

《甲方爸爸：背锅全怪你，半点不由我》
《年轻人，你头都还没秃，谈什么拼命？》
《生活总是给我"秃"然一击》

案例 3：提取诗词

这个很简单的方式，可以让你的标题显得特别有文化内涵。但是具体怎么提取诗词呢？上学的时候老师曾经给我们讲过"意象组合"的概念，意象也就是一首诗词里面具有实际意义的事物。比如"枯藤老树昏鸦，小桥流水人家"，这就是一首著名的、完全由意象组合写成的曲。再比如"帘卷西风，人比黄花瘦"，里面的"帘""西风""人""黄花"就都是意象。还有"落霞与孤鹜齐飞，秋水共长天一色"，其中"落霞""孤鹜""秋水""长天"也都是意象。

而我们在写标题的时候，只需要选取一首合适的诗词，从里面把意象提取出来，再用自己的话进行撰写，把这些意象用进去即可。例如你的文章写西湖，那或许你就能用我刚才说的"落霞与孤鹜齐飞，秋水共长天一色"，把标题写成《西湖落霞，真正的秋水共长天》，那就很适合地方旅游的推文。

另外，其实不仅是写标题可以用这种方式，写文案也可以，这样可以让文案显得特别有诗意。比如我们还是用同一句诗，要写西湖，那我们文案就可以这样写：

如期而至，是西湖与落霞的傍晚，虽然在断桥没有见到残雪，但我发现这里的鸟并不孤单，秋水永远共长天，站在这儿能看到雷峰塔，你说白娘子是否还在等待她的许仙？

刺激路径分析

这种方式适合深度好文。缺点是很多人容易文艺过头，读者看了你的标题后根本不知道你想讲什么，自然就失去了点进来看的欲望。所以，把控好文艺的度很重要。

缺　点

对创作者本身的文化素养要求还是挺高的，虽说现在信息发达，我们诗词积累不多的话可以到网上搜索，但现炒现卖始终比不上别人的信手拈来。所以，内容创作者平时还是要多读书。

总　结

使用这个方法需要一些文学底蕴，我想没什么好叮嘱的了，多看点书就好了，朋友。

十二、多样大盘点

原　理

顾名思义，读者看了你的标题就能知道点进你的文章，会看到你辛苦整理资料的结果。如果我只需花一秒就能收获你好几天的心血，何乐而不为呢？这种标题经常用的词就是盘点、复盘、汇总、集合等词语。不过缺点在于，你要盘点的东西受众要足够广，不然对普通人来说没用，读者自然就不会看了。以下是几个例子：

《用 100 句广告文案，复盘我的 2020》

《100 首万能 VLOG 音乐歌单》

《2020 年度最强烂片 TOP10，看完眼瞎了！》

《策划人入门必备的 50 句行话》

《最全整理！网易文创 2020 年 60+ 品牌联动案例汇总》

刺激路径分析

其实我们都喜欢坐享其成。怎么让读者觉得自己点进这篇文章就是坐享其成呢？这就是我们取这类标题的核心奥义。

缺　点

使用范围比较受局限，而且你取了这种标题，那就代表你的内容创作任务会重很多，所以还是不建议经常使用。

总　结

这种标题适用于职场、知识领域，但也不能常用，因为这是盘点，我们哪里有那么多东西需要盘点？而且一次盘点就很费心力了。

十三、引导条件反射

原　理

是不是看见酸的就流口水？这是身体的条件反射，这种条件反射，吃过柠檬的人都会有。你有没有想过，其实我们普通人在多年生活中，不自觉地已经形成了许多奇怪的条件反射，有些我们自己可能都没有意识到。如果你察觉了这样的现象，然后利用标题去创造一个引起条件反射的现象，那么你是不是就具备很大的优势了？

示　例

《新媒体运营面试问题大全 *.docx*》（利用的是有些人看到文档格式就想点的现象）

《恭喜发财，红包来了！》（相信每个人都有看到红包就想点的条件反射吧？）

刺激路径分析

这其实就是让我们把标题包装成一类人平时爱点进去的内容的样子，做到"形似"就可以了。

总　结

想做到这一步，平时还是应该经常去观察身边那些需要你点击进去看的事物的细节。

好了，以上就是我总结的自媒体文案取标题的13种好用的招数，当然，以后或许还会更新。倘若日后我总结出其他的方法，我会发布到我的自媒体平台供大家参考。我说的所有招数其实都是可以叠加使用的，方法和原因我说明清楚之后，具体怎么用，用哪里，就完全看你自己的创作。想要熟练地运用这些方法其实是很需要一些时日的，不过对我们创作者而言，那些难做的事情往往就是我们应该做的事情，所以这个过程肯定是必需的。写不出标题的时候可以把我写的这个章节拿出来翻一翻，应该会给你一些灵感。

Chapter Four

第四章

如何准确传递
观点和情感

在传递观点和情感这件事上，你有没有遇到过这样的问题：

脑子里有东西，但就是不知道怎么表达给别人。

表达了，对方总是无法准确理解。

你表达了，对方也理解了，但无法被说服。

每次表达之前，总是要想很久，无法做到边想边说。

一旦给你的表达时间有限，就不知道怎么快速表达想法。

如果你遇到过这些问题，那么这一章就对你很有帮助。接下来，我会把这章的内容分为两个部分来讲述——"找到表达问题"和"解决表达问题"。

在"找到表达问题"部分，我们主要解决两件事：一是让你认清自我，搞清楚你现在属于什么表达梯度；二是诊断问题，搞清楚主要是哪些因素导致你的表达不清晰。

我会在"解决表达问题"部分介绍几个实用的提升表达能力的方法，并针对普通人在表达上的一些常见问题，提出可操作的调整方案。

找到表达问题

如果你在生活中每次想说话，总是有人会打断你，你说话的时候几乎没有人会认真听你讲，你写的东西，也没几个人会认真看，而且你应该经常听到这样的话："所以你到底想讲什么？""你写了个什么东西？"是不是很委屈？

别委屈了，这是你自找的啊，朋友！你之所以会遭遇如今的状况，是因为你的表达太随意了，有时候你自己都不知道自己的想法到底是什么，自己都没想清楚就开始表达了。

其他人认真听你说了半天，发现你讲了一堆毫无重点的废话，长此以往，就会给别人留下一个特别不好的印象——你讲的都是废话。既然你讲的都是废话，怎么还会有人愿意听呢？

如果你想改变现状，就得先从改变以前那些表达的坏习惯做起，以后在表达之前，先问自己三个问题：

1. 现在讨论的是什么话题？

2. 我要表达的内容跟话题有关吗？

3. 我凭什么有这样的想法？

当你把这三个问题想清楚之后，你的表达就有了主题并大致完整了。

假如你现在正在讨论"楼下超市生意好不好"这个话题，并且你认为楼下超市生意不好，请问你会怎么表达？阿鱼现在给你列举几个答案，你看看自己属于哪个梯度。

A. 那超市生意好不好不知道，他对面那家面馆生意倒挺好，今天中午人都挤满了，我……

B. 楼下超市的生意不好。

C. 楼下超市的生意不好，我都没看见几个顾客。

D. 楼下超市的生意不好，这个月我大概去了10次，每次都没其他顾客，老板闲得玩手机，货架上好多货品都积了灰，明显好久没有进过货了。超市老板的衣服也很破，用的手机居然还是老式手机，肯定是生意不好，所以没钱买新的。

E. 楼下超市的生意肯定不好，因为这个月我去了10次，基本没有看见其他顾客，所以我认为生意不好。另外我着重观察了两方面：一是老板本人，他穿的衣服很破，经常玩手机，没事可做，并且长期使用老式手机，所以他应该很穷，如果超市生意好，他就不会这么穷这么闲了；二是超市环境，货架上的很多货品都积了灰，说明好久没有进货了。这些都是超市生意不好的特征，所以楼下超市的生意一定不好。

F. 楼下超市的生意不好，盈利只有一般超市的20%左右。之所以这么确定，是因为我前几天问过超市老板，他说他一天平均营业额400元左右，那么扣除在我们这栋楼开超市的房租、水电等经营成本，他的日平均盈利不到100块。我分析原因有两点：一是他旁边刚开了一家大型连锁超市，货品更丰富，环境更好，还有空调，所以大家会优先去连锁超市买；二是他的货品价格相对偏高，普遍溢价50%，比如农夫山泉，别人卖2元一瓶，他的超市却卖3元。基于这两点原因，楼下的超市相对一般超市而言，生意不好。

可以看到：

A 回答跑题了，顾左右而言他；

B 回答只抛出了自己的观点，但是没给支撑观点的证据，不完整；

C 回答支撑观点的证据太过单薄随意了；

D 回答虽然看上去证据充分，但是回答混乱，给出的证据在逻辑上不够严谨，主观性太强；

E 回答条理清晰了，但证据方面还是之前的问题，在逻辑上不够严谨，主观性过强，无法说服他人；

F 则是一个不错的回答，不仅条理清晰，给出的证据逻辑也严谨，能够说服他人。

如果你现在的回答处于 A—C 阶段，那么你需要加强自己的论证思维，习惯在以后的表达里，每提出一个观点就要追加一个论据，即，说明你如此认为的原因；如果你现在的回答处于 D 阶段，那么说明你有不错的表达意识，但是在逻辑思维方面、表达技巧方面有欠缺，需要针对这两方面进行提高；如果你现在的回答处于 E 阶段，说明你的表达能力不错，熟悉一些常见的表达技巧，但是逻辑不够严谨，需要提高逻辑思维能力；至于 F 阶段自然不用我多说了，你的表达能力很好，想要再提高，只需要在平时多加注意，尽可能多地积累表达技巧，平时可以再多看一些心理学方面的书，进入用户洞察的阶段。

解决表达问题

一、基础思维习惯：
"观点"＋"逻辑严谨的证据"

好，经过这样一个案例测试，相信你已经知道自己的表达属于什么梯度，且了解自己在表达上的大致问题了。现在就让我们来一步步地解决这些问题。

首先，你要铭记一点：想要做到准确表达观点，表达的内容就要有理有据。注意，这个"据"一定要逻辑严谨，没有漏洞，即，"观点"＋"逻辑严谨的证据"。

你的证据描述越详细、越具体，就越能在读者脑海中形成画面，越能让读者理解你。而我们表达的核心目的，不正是向他人传递我们的观念和情感，让他人懂得我们的想法吗？这其实就是一个理解的过程。

所以当我们想让读者"理解"我们时，就看看我们的表达中有没有观点和证据，证据是否充分合理，否则，就会让读者不明就里。

没人想听一个纯粹的观点，没有证据，只会给读者留下更多的疑惑。

当然，只有证据，没有观点，也会给读者留下新的疑惑。

你想，如果有人突然莫名其妙地凑到你身边，跟你说："喂，我昨天在公司楼下买了杯芋圆啵啵奶茶，里面的芋圆是紫薯味的，珍珠啵啵是龙井味的。"你问她："所以呢？"她说："就这样，没了啊。"你是不是会觉得很无语？这人神经病吧？但对方或许想表达："我觉得公司楼下奶茶店里的芋圆啵啵奶茶，口味特别独特。"

二、让条理变得清晰的技巧

你有没有这样的体验：明明表达清楚了自己的观点，给出的证据充分，逻辑也严谨，但别人还是不知道你到底在说什么。

朋友，你可千万不要觉得是对方傻、理解能力差，问题很有可能出在你自己身上。不信？你看：

阿鱼是个很普通的人。（观点）

她学历普通，就是个二本，现在本科生遍地都是。平时说话也少，很少发表自己的观点，上了大学成绩也一般，不是很讨老师喜欢，很少参加活动，不是什么风云人物，很多人都不知道她的名字。长得也挺普通，不丑也不美，扔进人堆都找不到她。对了，她连兴趣爱好也只是看书、旅游，很无聊，非常普通。（证据）

这证据看上去还挺充分，是不是？列举了一大堆，证据倒也合理，但是你看完记住了吗？是不是觉得脑子乱乱的？

这是因为，这一段的表达没有层次、没有归类。我们要明白一个事实，就是人的大脑更喜欢有秩序的信息。不信请你看看这一串数字：154354245112432。

看完你能记得住吗？我想一般人很难记住

吧？美国认知心理学家乔治·A.米勒在他的研究论文《神奇的数字7±2：人类信息加工能力的某些局限》中指出，年轻人的记忆广度大约为7个单位，所以我们在表达信息时，应尽可能地把要表达的内容整理成简单有规律的信息，然后再输出给他人。你再看，我们把这串数字分组归类，111222334444555，是不是就容易记住了？

所以，在列举证据的时候，也应该遵循这样的原则，对证据进行分类，然后进行有规律的输出。只要做到这两步，我们就能实现所谓的条理清晰了。

怎么进行有规律的输出呢？给大家提供几个小技巧。

惯用序列词

比如"第一、第二、第三""首先、然后、最后"，这样的序列词会给读者一种逻辑严谨、思路清晰的感觉。

多用连接词

比如"因为、所以""虽然、但是""一方面、另一方面"，这样的连接词也会让人觉得你的逻辑严谨、因果关系清楚。

加入归类汇总的短句

比如"总归来说""所以结论是""就XX方面而言"，这样的句子会在无形之中帮读者整理思路，帮他们理顺你要表达的东西，所以也是有效的。

这三种技巧虽然有用，但还不是能帮助我们表达清晰的核心。因为总的来说，这些方法都属于"伪逻辑"的表达技巧。

三、"真逻辑"有助于得到正确结论

看到这里是不是很疑惑？我凭什么说那三种表达技巧是"伪逻辑"呢？因为像"第一、第二、第三"这样的词，并没有实质性的逻辑关系。

比如我说："阿鱼是个很普通的人。第一，她长相普通，穿衣服不好看，一点都不会打扮；第二，她智商普通，很少参加比赛，没获得什么奖，没得过奖学金。"

乍一看，是不是觉得挺有逻辑？

长得普通跟穿衣服不好看、不会打扮有关系吗？不会打扮的人长相就一定普通吗？

智商普通跟很少参加比赛有关系吗？很少参加比赛的人智商就一定普通吗？

细想之下，就会觉得这个答案有很多漏洞。

这就是"伪逻辑"，它只是用一些技巧让你的内容看上去有逻辑，但这些内容之间并没有明确的因果关系，经不起推敲。

那"真逻辑"是什么样的？

"真逻辑"是能帮人得到正确结论的科学思维方法。逻辑不是我们用来说的，而是用来找的。逻辑本身就是一个错综复杂的庞大关系网，我们表达的目的，就是为了把这个大网里的一部分线理顺了摆到别人面前。

逻辑，是表达的基础，很多人之所以表达能力差，正是因为自己很难找到想要表达的内容背后的逻辑，自然也无法做到条理清晰且严谨地表达。

如何能够快而准地找到正确的逻辑，把它们理清楚放到读者面前呢？这就需要我们知道有哪些是常见的逻辑。

常见的有两类，一种是演绎推理，另一种是归纳类比。

四、演绎推理

即演绎逻辑，要求在表达过程中展示由一般到特殊的逻辑推演过程，这个推演过程也常被称为必然性推理，或保真性推理。这样的表达往往由浅至深，环环相扣。

简单来说，就是把一些显而易见的证据作为推演条件，推演出一个证据不足的事实，即从普遍性的理论知识出发，识别出特殊的个体。

比如：1. 我和你是同班同学。2. 我在高一（2）班。通过这两个条件，我们可以推演出一个显而易见的事实——你也是高一（2）班的。

当然，我的例子极其简单，事实上，演绎推理能做的事情更多，它能帮助我们从一个概念推移过渡到另一个概念，由一件或几件事物去判断另一件事物。演绎推理是从一般推理到特殊演绎，它的基本表现形式是"三段论"。

三段论基础

接下来讲的三段论这部分内容，大概有 8000多字。因为涉及的内容需要比较密集的思考，所以我建议如果你现在觉得自己的阅读状态不佳或者阅读时间不充裕，可以先跳过它往下阅读，以后再找一个集中的时间一口气把这部分内容看完，不然理解起来会比较困难。相信我，这部分的内容理解起来并不轻松，但是一旦理解，会对你的逻辑思维有很大的提升。希望你能耐心地看完。

三段论的全称是"直言三段论"，就是借助一个共同概念联结两个直言命题而推导出另一个直言命题的演绎推理。

什么是"直言命题"呢？就是断定某个对象是否具有某种性质，关于某类对象与另一类对象的包含关系的断言。比如：

所有的人都有脚。

所有的犯罪行为都是不合法的。

有些女生是短头发。

有些动物不是哺乳动物。

在逻辑学上，它的命题结构如下图：

从上图我们可以清晰地看出直言命题包含哪些成分。

①量项

量项又称"直言命题的量"，顾名思义，就是能够说明某类对象所涉及的范围和数量的词组，一般分为"全称"和"特称"两种。全称指"全部所有"，特称指"特别部分"。

如："所有""全部"就是全称，"有些""一部分"就是特称。

②联项

联项就是联结主项和谓项的词组，能够表示某类对象"具有"还是"不具有"某种性质。

其中包括：肯定联项"是"与否定联项"不是"。

③主项（S）

主项是指"要断定的对象"，就是即将被判断的对象。

如：比如上述例子中的"人""犯罪行为""女生""动物"就是主项。

④谓项（P）

谓项是指"对象所具有或不具有的性质"，就是你判断某类对象有没有什么的那个"什么"。

如：上述例子中的"有脚""不合法的""短头发""哺乳动物"。

而我们根据"量项"和"联项"的不同组合又可以把直言命题分成 A、E、I、O 四种类型，这也是我们常见的逻辑形式。

名称	代号	逻辑形式	缩写	范例
全称肯定命题	A	所有 S 是 P	SAP	所有人是会死的
全称否定命题	E	所有 S 不是 P	SEP	没有人是完美的
特称肯定命题	I	有些 S 是 P	SIP	有些人是健康的
特称否定命题	O	有些 S 不是 P	SOP	有些人不是健康的

我们再返回去看我最开始给大家讲的那个有关三段论的概念：

借助一个共同概念联结两个直言命题而推导出另一个直言命题的演绎推理。

现在我们再看这句话，就懂这句话里的"直言命题"是什么了，但这似乎还不够，因为我们还不懂"共同概念"是什么意思，三段论又是怎么推导出另一个直言命题的。

其实，三段论中的"三段"，指的是：

一个一般性的原则（大前提），一个附属于前面大前提的特殊化陈述（小前提），以及由此引申出的特殊化陈述符合一般性原则的结论（结论）。

我们先来看一个例子，这是亚里士多德给出的经典的"Barbara"三段论，相信可以很好地辅助大家理解。

如果所有人都是必死的（一般性的大前提）

并且所有希腊人都是人（特殊的小前提）

⬇

那么所有希腊人都是必死的（基于大前提和小

前提推导而来的结论）

　　如上所示，它是由两个直言命题作为前提推导出另外一个直言命题作为结论。其中，在两个作为前提的直言命题当中，出现了一个相同的概念："人"。

如果所有人都是必死的
并且所有希腊人都是人

　　我们把这个在大小前提当中都出现了的共同概念称为"中项（M）"，然后借助它联结两个前提，推导出结论：

那么所有希腊人都是必死的

　　以上就是一个三段论。在刚才的例子当中，"人"作为"中项（M）"，是不会出现在结论中的，但是我们可以迅速从结论中找出"主项（S）"和"谓项（P）"：

那么所有希腊人（S）都是必死的（P）。（希腊人就是"S"，必死的就是"P"）

　　这里是"S"和"P"是我们最终推导出来的这个作为结论的直言命题里的"S"和"P"，但是大家还记得吗："主项（S）"和"谓项（P）"都是属于逻辑变项，为什么叫变项呢？那自然是因为它们在不同的直言命题中指的是不同的东西。

　　大前提：*如果所有人（S）都是必死的（P）（S是"人"，P是"必死的"）*

　　小前提：*并且所有希腊人（S）都是人（P）（S是"希腊人"，P是"人"）*

　　结论：*那么所有希腊人（S）都是必死的（P）（S*

是"希腊人"，P是"必死的"）

现在，我们也可以这样看这个推导：

大前提：*如果所有人（M）都是必死的（P）*

小前提：*并且所有希腊人（S）都是人（M）*

结论：*那么所有希腊人（S）都是必死的（P）*

在逻辑学上，我们会把结论里的主项称为"小项"，代号仍为"S"；结论里的谓项称为"大项"，代号仍然为"P"，"M"则表示"中项"。

好了，到这里大家应该已经完全明白三段论的作用：三段论推理是根据两个作为前提的命题所表明的中项（M）与大项（P）和小项（S）之间的关系，通过中项（M）的媒介作用，推导出确定小项（S）与大项（P）之间关系的结论。

任意一个三段论总是包含大前提、小前提和结论，它的典型模式总是按照大前提、小前提、结论的顺序排列的，但是在我们日常生活中，常常不会按照顺序使用。比如：

蝙蝠不是鸟，因为蝙蝠是哺乳动物，而鸟不是哺乳动物。

这句话就没有按照顺序使用三段论，那么我们要如何判断它的推导是否正确呢？我们先找到"因为"，一般"因为"前面的这句话是结论。那我们就去看结论——"蝙蝠不是鸟"，蝙蝠是主项，鸟是谓项，所以蝙蝠是"小项（S）"，鸟是"大项（P）"；而"因为"后面的就是大前提和小前提，在这个三段论里，大小前提都出现了一个共同概念——"哺乳动物"，所以"哺乳动物"是中项（M）。

于是认为 S= 蝙蝠，P= 鸟，M= 哺乳动物。所以我们可以还原这句话的三段论：

鸟不是哺乳动物。

蝙蝠都是哺乳动物。

所以蝙蝠不是鸟。

再结合我们之前学习的 A、E、I、O 四种逻辑判断方式，我们可以把这个三段论用逻辑代号的形式表示出来：

鸟不是哺乳动物。　PEM　大前提

蝙蝠都是哺乳动物。　SAM　小前提

所以蝙蝠不是鸟。　SEP　结论

如果去掉命题当中表示逻辑判断方式的 A、E、I、O，那么就是这样表示：

P—M

S—M

S—P

由于三段论中项（M）所处的位置的不同而形成的不同的结构形式，逻辑学上把它叫作"三段论的格"，我上面展示的就是其中一种。那么三段论的格有多少种呢？根据中项所处位置的不同，可以得到四种不同的格，即：

$$M—P \qquad P—M \qquad M—P \qquad P—M$$
$$S—M \qquad S—M \qquad M—S \qquad M—S$$
$$S—P \qquad S—P \qquad S—P \qquad S—P$$
$$第一格 \qquad 第二格 \qquad 第三格 \qquad 第四格$$

（三段论四种可能的格）

如果觉得不好记忆，可以将所有的中项（M）用线连接起来，仔细观察，红线部分是不是很像一个中文的"业"字？

第一格　第二格　第三格　第四格

　　这些是三段论的"格"，还需要给大家讲一下三段论的"式"，二者合起来就是"格式"。

　　什么叫三段论的"式"呢？我们继续用刚才那个例子来说：

鸟不是哺乳动物。　　*PEM*　大前提
蝙蝠都是哺乳动物。　*SAM*　小前提
所以蝙蝠不是鸟。　　*SEP*　结论

　　它的"格"是

P—M
S—M
S—P

属于第二格。而它的"式"是什么呢？

　　EAE。EAE 就是这个三段论的命题形式。组成一个三段论需要三个直言命题，它会出现三个不同的逻辑形式，把这三个不同命题的逻辑形式按照顺序排列出来，就叫作三段论的"式"。

　　我们现在来想一想：组成一个三段论需要 3 个直言命题，而一个直言命题有 A、E、I、O 4 种形式，因此每个"格"可能构成 4×4×4=64 个式；一共有 4 个格，所以总共有 64×4=256 个式。在这 256 个式当中，绝大多数都属于无效式，只有下表所列的 24 个式是有效式。

第一格	第二格	第三格	第四格
AAA	AEE	AAI	AAI
EAE	EAE	OAO	AEE
AII	AOO	AII	IAI
EIO	EIO	EIO	EIO
（AAI）	（AEO）	IAI	（AEO）
（EAO）	（EAO）	EAO	EAO

（表中有括号的式为弱式）

我们可以看到，表格中有些式是用括号括起来的，逻辑学上把这些括号里的有效式称为"弱式"。什么叫弱式呢？

很简单：本来结论应该得到全称，我跨一步，得到特称。比如表格中的"AAI 式"，我来举个例子：

所有具有法人资格的都是成年人；

所有成年人都是年满 18 周岁的；

所以，有些年满 18 周岁的具有法人资格。

讲到这里，大家应当完全理解三段论的结构和作用方式了，以后大家在写作和表达的时候，想做出逻辑严谨的推论，就可以尝试用三段论进行表达。然而，在实际生活中，我们运用三段论去推理检验别人结论的有效性，其实比我们自己去运用的机会更多，很多时候，我们更喜欢用三段论去找出别人逻辑里的错误，帮助我们迅速识别诡辩。所以接下来，我会给大家讲一下如何验证三段论的有效性及其使用规则。

如何检验三段论的有效性

三段论的推理关系，其实说到底就是小项（S）、中项（M）、大项（P）三个不同的概念之间的外延关系，也就是这三个概念所反映的客观对象之间类与类的包含与被包含关系。一个三段论，无论是否有效，都可以借助 S、M、P 这三个词项之间的外延关系得到说明，这被称作"三段论公理"，也可以称为"曲全公理"，即：

1. 凡是对一类事物有所肯定，则对该类事物中每个子类或分子也有所肯定。比如，我们来看看下面这张图。

我们对这张图进行解读：

大前提：MAP——所有的 M 都是 P

小前提：SAM——所有的 S 都是 M

所以我们可以得到结论：

MAP+SAM → SAP——所有的 S 都是 P

这张图就很好地解释了第一个公理：如果对一类事物有所肯定，那这类事物当中的每个子类 S 都具有某种特殊属性 P。

2. 凡是对一类事物有所否定，则对该类事物中每个子类或分子也有所否定。比如，我们来看看下面这张图。

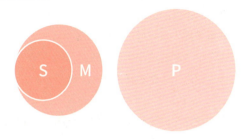

我们对这张图进行解读：

大前提：MEP——所有的 M 都不是 P

小前提：SAM——所有的 S 都是 M

所以我们可以得到结论：

MEP+SAM → SEP——所有的 S 都不是 P

这张图就很好地解释了第二个公理：如果对一类事物有所否定，那这类事物当中的每个子类 S 也都有所否定。

基于三段论公理，产生了七条相应的验证三段论有效性的判断规则：

1. 中项在大小前提当中，必须是同一个概念，否则就会犯"中项不同一"的错误。比如：

运动是可以锻炼身体的。

政治运动是运动。

所以政治运动是可以锻炼身体的。

我们可以看到这个结论明显是错误的，那它是怎么出错的呢？错在大小前提出现的同一个词语——"运动"，表达的不是同一个概念，前一个指体育运动，后一个指社会运动。

2. 中项必须至少周延一次，否则就会犯"中项不周延"的错误。比如：

本案作案人是去过作案现场的。
这几个人是去过作案现场的。
所以这几个人是本案作案人。

很明显这个结论也是错误的，当然，我这里说的错误不是说它一定为假，而是说它可能为假，即：这几个人可能只是去过作案现场但并不是作案人。那它是怎么出错的呢？错在中项——"去过作案现场的"这个在大小前提下都作为肯定命题的谓项，都是不周延的，那我们就没有办法借助这个共同概念去推导出结论。

这一点大家理解起来可能有一点困难，不知道"周延"这个词是什么意思，所以我想在这里特意解释一下。

周延就是一个词项的外延是否被全部断定。周延不周延，是指用直言判断句谈论事物时是否涉及相关概念的全部外延。如果一个判断对某词项的全部外延做出了断定，该词项就是周延的；如果没有对某词项的全部外延做出断定，而仅仅断定了它的部分外延，该词项就是不周延的。其实大家可以试着把"周延"当作"完全"去理解。在这里我引用一个知乎博主"@ 我是天上的狮子"的回答来帮助大家理解，我认为这个博主的解释非常接地气，应该可以更好地帮助大家理解"周延"

这个概念。

比如：*牛是动物。*

这个判断中相关概念是"牛"和"动物"，这两个概念是通过"是"这样的语词建立联系的，至于这种联系是不是符合事实，也就是真假与否，暂时不去管它。由于此时"真假"问题是暂时不考虑的，所以，你可以把"动物"这个概念用到任何、所有你愿意用的东西上，比如你可以说：

板凳是动物。（注意，此时这个判断是否符合事实是暂时不顾的）

灰尘是动物。（同上）

你可以发现，在这样的判断中，"动物"概念的位置容量是无穷大的，你可以把它用在任何东西上，因为暂时不考虑真假。

既然"动物"概念所占据的位置容量无穷大，那么你自然无法清楚知道这个位置上的东西全体总数是多少，所以无法涉及这个位置上所说事物的全体。

因此在说"牛是动物"时，"动物"所在位置上的概念是不周延的，因为你摸不到它的边。而这时候"牛"概念所在的位置上的"牛"这个概念，你却是可以摸到它的边的，因为这时的"牛"这个说法隐含了"所有牛"这个意思，相当于在说"所有牛是动物"。所以这句话的这个位置上的"牛"这个概念就是周延的。

简单来说，周延不周延，要根据说法进行判断，你能摸到概念所说的东西的全部，那么这个概念就是周延的，否则就是不周延的。

因此，"牛是动物"，这个判断中"牛"这个概念是周延的，因为这样说的时候"牛"实际上是"所有牛""任何牛"的意思；

而这个说法中的"动物"这个概念是不周延的，因为你无法摸到这时候所说的"动物"这个概念的全体。

但如果按照下面这样说：

牛是所有动物。

那么"动物"就是周延的概念，因为你能根据这个说法摸遍它的全部，这时候"所有"这个说法使得"动物"这个概念变得有边了，有边了你就能摸到边内的所有"动物"了。

又如果，你这样说：

有些牛是所有动物。

那么这时候的"牛"概念也不周延了，因为"有些"这个说法限制了你摸牛的范围，只能摸"所有"牛中的一部分。

同理：

牛是有些动物。

这样说时，"动物"这个概念也是不周延的，因为"有些"这个说法规定了你只能摸"所有"动物中的一部分。

接下来再说"是"，这里变化成"不是"或者"并非"之类的说法时，概念的周延情况。

在"牛是动物"这个判断中，由于"动物"这个位置上的概念没有做任何限定，所以，这句话是把"牛"说成动物中的一部分的说法，因此这时的"动物"概念不涉及动物全部，而只涉及动物中被说成动物的"牛"这一部分（注意，判断是可以不考虑真假的）。而"A 是 B"这样的判断中，在 A 和 B 都没有任何限定时，通常默认 A 是指全部 A，B 是指部分 B。这是因为句中用"是"这个词将 A 和 B 这两个事物联系起来，才导致"A 是 B"这个说法中 B 默认是指 B 的一部分，它表达的是从 A 事物到 B 事物的一对一的对应关系。

无论 A 处所指事物范围有多大，通过"A 是 B"说法建立联系，那么 B 中与 A 对应的那部分就始终是 B 中的一部分（因为 B 无穷大），涉及不了 B 的全部，所以这时的 B 是不周延的，也就是并没有涉及全体 B 而是部分 B。

这是因为句子中使用了表示建立联系的词语"是"，建立联系也就是建立对应关系、形成映射、进行分配等意思。

当你用"是"的否定式"不是"来建立联系时，情况就不同了。比如，"牛不是动物"（注意，仍然不去考虑所说情况的真实与否），这时候通过"不"否定了"牛"这一事物的全体和"动物"这一事物中任何部分或者任何一个的联系，从而在"牛不是动物"的说法中，"动物"成了涉及动物全体的说法。

除非说成"牛不是某些动物"，那么这时候的"动物"仍然不涉及全体动物，只涉及部分动物。

另外，我们可以根据量项来判断主项的周延情况，我们知道，一个命题有四个组件：主项、谓项、量项、联项。

所有牛是动物。

这个判断中"牛"是主项，"动物"是谓项，"是"是联项，"所有"是量项。

有些牛不是动物。

这个判断中"有些"是量项。

……是……，称作肯定判断。

……不是……，称作否定判断。

"所有"被称为全称（量项），也就是指出全部事物的意思。

"有些"被称为特称（量项）。

"所有牛是动物"，这是全称肯定判断。

"所有牛不是动物"，这是全称否定判断。

"有些牛是动物"，这是特称肯定判断。

"有些牛不是动物"，这是特称否定判断。

现在你可以来试着对这四个判断中的"牛"和"动物"概念做一下周延还是不周延的判断：

所有牛是动物。

主项"牛"有全称量项，涉及了"牛"所指事物的全体，所以这里的牛是周延概念。"动物"虽然没有使用量项，但是由于全句是肯定判断，所以此时的"动物"概念是无穷大的，把所有牛说成动物，这时候称作牛的动物也只是所有动物中的一部分，因此此时的"动物"是不周延概念。

同理：

所有动物是牛。

这里"动物"是周延概念，"牛"是不周延概念。（注意，现在不论真假。）

所有牛不是动物。

很明显，这句话中"牛"是周延概念，因为它有全称量项"所有"限定；"动物"是周延概念，因为它处于谓项位置且没有特称量项限定；并且，否定词"不"使得主项"牛"和谓项"动物"之间建立起了"所有(或者任何)牛"不对应"所有(或者任何)动物"这样的关系,从而使得这句话涉及谓项"动物"的全体,因此这句话中的谓项"动物"是周延概念。

有些牛是动物。

这句话中"牛"是不周延概念,"动物"是不周延概念。

有些牛不是动物。

主项"牛"不周延,谓项"动物"周延。一个否定词作为联项将二者强行关联在了一起。

太阳是行星。

牛魔王是牛。

鳌拜是权臣。

敖广是龙。

敖广是龙王。

敖广是东海龙王。

在这样的判断句中,因为主项说的是独一无二的事物,所以称作单称判断。单称判断主项、谓项周延不周延的推断方式和全称判断是一样的,因为只包含一个元素的集合,其中的唯一元素也就是这个集合的全部元素。

所以,"太阳是行星"这样的判断中,"太阳"这个概念是周延的,"行星"这个概念是不周延的。

3. 前提中不周延的词项在结论中也不得周延,否则,就会犯"大项扩张"或者"小项扩张"的错误。比如:

一班的同学都是未满 18 岁的。

一班的同学都是四川人。

所以四川人都是未满 18 岁的。

很明显这是一个错误结论，因为"四川人"在结论中作为全称命题的主项，周延了。

4. 前提之一必须是肯定的。如果两个前提都是否定，我们得不出三段论当中的必然性结论。比如：

所有的 A 都不是 B。

所有的 C 都不是 B。

所以所有的 A 都不是 C。

很明显，这个时候存在的可能性就太多了。总之记住，两个否定前提得不出任何必然性的结论。

5. 前提之一是否定的，那么结论也应当且必须为否定判断。比如：

人都有脑袋。

它没有脑袋。

所以它不是人。

6.两个特称前提推不出任何必然性结论。比如：

这个月有的学生不上课。

实验高中的部分学生不上课。

……？

7. 前提之一是特称的，则结论必须是特称的。

四川人都会说话。

有的人是四川人。

所以有的人会说话。

以上 7 条就是三段论的规则。或许这部分的内容没有那么有趣，如果你看一遍没有看懂，可以多看几遍，学好这块知识会对提升逻辑能力有很大的帮助。

如果你觉得以上内容已经理解得差不多了，那么我接下来想再跟你讲两个知识，这部分内容，算是三段论的进阶学习。

复合三段论

由两个或两个以上的三段论构成的特殊的三段论形式就是复合三段论。其中前一个三段论的结论组成后一个三段论的前提。它有以下两种形式：

① 前进式的复合三段论。它是以前一个三段论的结论作为后一个三段论的大前提的复合三段论。例如：

一切造福于人类的知识都是有价值的，科学是造福于人类的知识，所以，科学是有价值的；社会科学是科学，所以，社会科学是有价值的；逻辑学是社会科学，所以，逻辑学是有价值的。

在这个推理中，思维的进程是由范围较广的概念逐渐推移到范围较狭的概念，由较一般的知识推进到较特殊的知识。

②后退式的复合三段论。它是以前一个三段论的结论作为后一个三段论的小前提的复合三段论。例如：

逻辑学是社会科学，社会科学是科学，所以，

逻辑学是科学；科学是造福于人类的知识，所以，逻辑学是造福于人类的知识；一切造福于人类的知识都是有价值的，所以，逻辑学是有价值的。

在这个推理中，思维的进程是由范围较狭的概念逐渐推移到范围较广的概念，由较特殊的知识推进到较一般的知识，其顺序正好和前进式相反。

省略三段论

省去一个前提或结论的三段论叫作省略三段论。相比常规的三段论，省略三段论更为简洁，显得没那么多"废话"，相对来说更为常见，因为很多时候大家都不喜欢有人把那些显而易见的道理拿出来说，而省略三段论直接把这些明显的、大家都心知肚明的东西省略不说。例如：

你是共产党员，所以你就应当起模范带头作用。

这就是一个省略了大前提"共产党员应当起模范带头作用"的省略三段论。

当然，省略三段论也可以是省去小前提或省去结论的。被省去的部分往往带有不言而喻的性质，因此整个推理还是容易为人们所理解的。

但是，优势往往伴随着弱点，由于省略三段论省去了三段论的某一构成部分，因此如果运用不当，就很容易出现各种逻辑错误。比如，有人这样说：

"我又不是哲学系的学生，我不需要学哲学。"

这就是一个隐藏着逻辑错误的省略三段论。当我们补充上省略的部分后，就可以清楚地看出其中的错误。这个三段论的完整形式是这样的：

凡是哲学系的学生都要学哲学。

我不是哲学系的学生。

因此，我不需要学哲学。

这个三段论显然是错误的，因为它违反了三段论第一格的规则："小前提必须是肯定命题"，因而在结论中也就犯了"大项不当扩大"的逻辑错误。

三段论讲到这里就结束了，希望正在看书的你能够慢慢消化。看完这部分内容可以休息一下，接下来的内容相对来说就简单多了。

五、归纳类比

我之前说过，归纳类比这样的表达方法来自归纳逻辑，那什么是归纳逻辑呢？

人们以一系列经验或知识储备作为依据，找到其中的共同规律，有时会假设跟它同类的事物或其他事物也遵循这个规律，从而用这些规律去预测其他事物的运行原理。

"归纳"我们很好理解，就是把所有的信息汇总起来。那么"类比"呢？要怎么"类"怎么"比"呢？我们把信息汇总起来，不可能所有的信息都要用到，那么我们用的时候就需要给这些信息分类，再做出选择。那么该怎么分类呢？以什么样的标准做选择呢？"类比"就能帮我们解决这两个问题。

实际上，我们能以一个更简单的方式理解归纳类比。

比如穿衣服这件事。首先我们要有衣服，有了衣服我们才能穿衣服，于是买衣服、将衣服装进衣柜里的过程就是归纳的过程；而我们将衣柜里的衣服进行分类整理，分区域放置春夏服饰和秋冬服饰的过程，就是"分类"的过程。要穿衣服时，我们要在多套衣服里进行挑选、搭配，然后再穿在身上，这就是"比较"的过程。所以，

"分类"+"比较"="类比"

归纳我就不多说了，写文章时，我们都会有自己的信息收集渠道，也有自己的信息喜爱偏好，我们重点来讲一讲"类比"。

其实"类"就是归类分组。我们把所列举的事物分组，具有同一属性，彼此又不相互交叉。

比如，我们在写议论文时往往会有许多分论点，每个分论点下往往又需要列举许多论据去支撑它。那么问题来了，这么多的论据论点，我们该怎么进行管理呢？这时就需要用到分组归类了。现在就来讲讲分组归类的具体执行步骤：

分 组

分组分的是什么呢？分论点。

要保证我们所分出的分论点彼此是没有交叉且完整的，不然分组将毫无意义，反而让读者晕头转向，产生更多的疑惑。

举一个简单的例子。比如我们的论点是：

阿鱼是一个美女。

那么我提出我的分论点，它们分别是：

阿鱼的气质很美。

阿鱼的长相很美。

阿鱼的身材很美。

到这里，我已经把"阿鱼是一个美女"这个论点拆分成了三个分论点，通过验证这三个分论点为真，从而得出结论——"阿鱼是一个美女"为真。

我刚才拆分的三个分论点属于正确的分组示范，那什么是错误的分组示范呢？

比如同样的话题，我们的论题还是"阿鱼是一个美女"。

但我现在把它拆分为这样四个分论点：

阿鱼的心灵美。

阿鱼的灵魂美。

阿鱼的嘴巴美。

阿鱼的五官美。

你看，阿鱼的心灵美和灵魂美就有交叉了，灵魂美的人心灵难道会不美吗？阿鱼的嘴巴美和阿鱼的五官美也交叉了，一个五官美的人，嘴巴难道会不美吗？难道嘴巴就不属于五官的一部分吗？

这就是我所说的，我们在分组时，一定要保证我们的分论点是彼此不交叉且完整的意思。现在你应该已经了解什么才是正确的"分组"方法，下面我们就可以进行第二步了。

归 类

归类归的是什么呢？论据。

这个过程如同做连线题，我们有很多能够证明阿鱼美的论据，那么我们应该在什么时候用它们，又在论证什么分论点时把它们摆出来？这就需要我们归类了。归类就简单多了，我们只需要看论据是否满足分组属性就行了。

比如，我给大家以下这些论据，请大家进行分类，看看这些论据分别属于气质美、长相美、身材美这三组的哪一组：

眼睛大、嘴巴小、皮肤白、腿长、说话幽默、思想有趣、瘦、胳膊细、心地善良

我相信应该还是很好归类的吧？大家应该很快就归类完了。

气质美：说话幽默、思想有趣、心地善良

长相美：眼睛大、嘴巴小、皮肤白

身材美：腿长、瘦、胳膊细

看到这里，恭喜你，你已经学会归类法了。没错，很简单，只需要按这两个步骤执行，就可以把我们要写的文章中所包含的论点和论据都做好分组归类了。但现在让我们写文章，还是有些困难。

常用的比较标准

我们在写文章的时候，应该先写哪个论点，先列哪个论据呢？

为了解决这个问题，我们就需要"比"，比出一个所以然来，然后进行排序。

而排序肯定是需要有一个执行标准的，没有标准我们怎么知道怎么排呢？比如我们要给一群人排序，是要按年龄排，还是按身高排？这个标准因地制宜，没有统一。但是我可以跟大家讲几个在我们的生活当中，比较常用的比较标准。

时　间

即按时间顺序来对即将叙述的信息进行排序。

当然，并不是说，先发生的就要先说，我们也可以倒叙。重要的是，排序的方式一定要符合时间线发展的规律。请注意：我说的是时间线，时间是线性发展的，所以我们叙述信息也需要运用线性的叙述方式。至于在时间线上，你是想从后往前叙述还是从前往后叙述，或者从中间开始叙述，就看你的心情了。

比如你跟领导汇报工作时一般会这样说：我今天完成了 X X X 工作，明天计划完成 X X X 工作。

这就是一种按时间顺序的表达。

结　构

你可以理解成拼图，先拼这一块再拼那一块，把每一块都拼好之后，就是一份完整的拼图了。按结构排序的叙述方式也是这样的道理，把一个组织的各个部分组合在一起就是一个整体。常见的结构有地理空间（像地图）、抽象概念、实物结构三种。

地理空间的表达举例：我家在成都和重庆之间，房屋以北有一棵枣树，以南有一棵枣树，以东也有一棵枣树，以西还有一棵枣树，我家就被四棵枣树包围在中间。

抽象概念的表达举例：我的优势是……我的劣势是……因此我现在面临的威胁是……潜藏的机会是……

实物结构的表达举例：杯子的底部印有一个 logo，杯身印有一个 logo，杯盖上还印着一个同样的 logo。

重要性

这个排序方法我们经常用到，简单来说，就

看你怎么定义一类事物的重要性，你可以完全按照你的定义对所有信息分出重要性等级，然后再依次进行表达。但在分重要性等级之前还得先做一件事——分类。你不分类，怎么分等级？

我问你，你妈和你老婆谁重要？谁排前面？你敢排吗？所以我们要先分类，比如苹果和番茄你都很喜欢吃，那么你怎么分重要性等级呢？把苹果分到水果类，把它排到水果类第一名；把番茄分到蔬菜类，把它排到蔬菜类第一名。这个重要性分级标准怎么制定呢？根据你的喜爱程度制定。而分类标准，就看你了。

好了，看到这里，相信你已经基本掌握了表达的思路和逻辑，接下来你要做的就是将其变成实质化的运用，多多练习即可。考虑到这样的表达思路你才刚刚掌握，为了避免你在练习的过程中灰心丧气，我再跟你分享几个可以拿来即用的表达技巧，保证你看完之后立马学会，自信满满。

六、拿来即用的表达模型

ARE 思维模型

这是一个非常简单的思维模型，我第一次了解到这个思维模型得益于我的雅思口语老师。当我们需要对一个问题表达自己的想法时，常常遇到无话可说或者不知道说什么就开始胡说的情况，这就是我们最原始的表达状态。这个思维模型可以帮我们很好地解决这个问题。

首先我们要搞清楚，什么是 ARE 模型？

答案（Answer）：你对问题的答案。

原因（Reason）：你给出这个答案的原因。

例子（Example）：给出一到两个你所说原因的例子。

我们现在就来提问并试着回答一下。

问题一：你喜欢吃土豆还是西红柿？

答案（Answer）：我喜欢吃西红柿。

原因（Reason）：因为西红柿更有营养，而且我喜欢吃酸的。

例子（Example）：西红柿里有很丰富的维生素，我有一段时间每天吃一个，发现自己的皮肤都变白了，气色也好了很多。另外酸酸的东西会让我感到特别兴奋，吃了一次之后我就爱上了这种感觉。

问题二：你喜不喜欢我？

答案（Answer）：我喜欢你。

原因（Reason）：因为我一看到你就会觉得开心，你是我的开心果。

例子（Example）：上次我跟你一起去参加一个朋友的生日聚会，我给她端蛋糕时，那个蛋糕居然因为做得太高而塌了。当我特别内疚和伤心的时候，你却笑着说："哇，这蛋糕这么主动，为英雄折腰啊！恭喜你寿星公！"你的一句话不仅让我不伤心了，也化解了在场所有人的尴尬。

刚才我提了两个问题，给了两个回答，你有没有发现这两个回答不一样呢？严格来说，问题一给出的例子并不是合格的例子，只能算是对上一个原因的再解释。只有第二个问题里面给的例子是我们理解的正确的例子。

这么说第一个回答是错误的，没有遵循 ARE 模型吗？不是，这两种例子都是可以的。至于适用于什么情况就要根据问题本身而言了。像第一个问题——你喜欢吃土豆还是西红柿？你发现我根本没有合适的例子，这时我们就可以对我们给出的原因进行进一步解释，这样的思路也没有问题。

复盘思维

做哪些事情可以让你跑赢同龄人，跑赢时间？最重要的一件事情就是复盘。

很多人都有一种误解，觉得只要年纪大了自己就有阅历有经验了，就是"聪明沉稳"的厉害的成年人了。这实在是一个天大的误会，因为让人变厉害的，其实往往并不是年龄和经验，而是个人对于经验的总结、反思和升华。

一件事做成了，你要去复盘：这件事为什么能做成？哪些地方含有大量的运气成分？如果是侥幸完成的，那么为什么幸运的是自己？这件事虽然做成了，但可不可以做得更好？如果自己在某个节点换个做法会不会更好？下次遇到类似的事情要不要延续这种思路？

如果这件事没有做成，你也要复盘：自己要做些什么，成功的概率才会更高？也就是查漏补缺，避免第二次踩坑。错了就错了，号啕大哭没有用，那就好好想想：下次要怎么改进？平时要如何调整自己的心态？从现在起自己要做什么事情才能预防犯同样的错误？

所有事情都可以复盘，无论是工作、学习，还是谈恋爱，甚至是吵架，你总不能这一次吵不赢某个人，下一次还吵不赢他吧？被人骂得哑口无言，回家后窝囊半天才想起来怎么怼回去，这种感受有一次就行了，总不能一直窝囊下去吧？

所以，复盘搞起来！那么问题来了：怎么复盘？其实所谓的复盘，就是让我们对已经做过的事情重新梳理一遍，通过回顾、重演和分析，找到当时遇到问题的原因，从而总结失败或成功的规律，得出的这些规律其实就是所谓的经验，而这些经验又能指导我们下一次的行动。

怎么把这个思维用在表达上呢？

首先，你随便打开电脑上的一个思维导图软件，在里面填好你今天要思考的问题。比如你的领导说你写的策划案简直不知所云，让你好好反思反思。你要反思什么？要反思你写策划案的过程，这样才能想清楚为什么你会把策划案写成这个样子、下次应该怎么写。

你可以列举多个问题，比如：我的策划案为什么会让别人看不懂？我写这个策划案的时候为什么没去参考其他好的策划案？我为什么要先写这个，再写那个？……

总之，尽可能多地列举问题，越详细越好。

写完问题之后，我们不能放着不管，还要寻找和思考这些问题的答案。当我们思考清楚后，就知道我们在哪些方面有问题，哪些方面做得到位了。将这些总结记下来，作为我们下次做事的指导。

在你需要向他人表达你的问题和总结的时候，就可以按思维导图列下问题，一一回答即可。

电梯法则

也被称为电梯游说，即用极具吸引力的方式简明扼要地阐述自己的观点。例如你在电梯里，需要在 30 秒内向一位关系到公司前途的大客户推销产品，且必须成功。

这个方法来自著名的咨询公司——麦肯锡，据说源于一个真实事件：麦肯锡公司有一个大客户，一次，麦肯锡的咨询顾问在电梯间遇见了对方公司的董事长，这个董事长就问顾问："你能不能说一下你们公司能做到怎样的成果呢？"结果因为这个顾问毫无准备，而且在 30 秒的乘梯时间内也无法说清楚，最终，麦肯锡公司失去了这个大客户。

从那以后，麦肯锡公司就要求员工必须在 30 秒内把事情表达清楚，这就是电梯法则。

所以下次，在你想表达的时候，试试自己能不能在 30 秒内把事情说清楚吧。

好了，这个章节就到此为止了。这一章的内容知识点比较多，大家可以试着梳理成思维导图，这样会更清晰一点，也更方便你记忆和理解。有些朋友可能会觉得我这章好像没怎么说文案，其实非也，文案只是表达方式的一种，我们这章的目的主要还是为了帮一些本身没什么文案经验的朋友打下一个好基础。逻辑、表达，其实是文案创作的基础能力。很多人学文案的时候为什么会出现越写越混乱的情况？就是因为基本功还不扎实。

Chapter Five

第五章

如何把控
行文逻辑

能写好文案是一种优势，然而掌握这种优势并非易事。

事实上，很多刚开始学写文案的人都会陷入一个误区，觉得自己写的东西不讨喜是因为文笔不好、没哏没意思、文学修养不高、不能引经据典。的确，这些都是影响我们产出好文案的因素。但是朋友，你最大的问题可能根本不在于此！

我曾经做过一段时间的文案指导，主要是为企业选拔、培养合格的文案人才。我发现一个事实，就是大多数文案小白压根没到需要深研辞藻、打磨文风的地步，因为他们连基本的行文逻辑都没搞清楚。什么是行文逻辑？就是整个文案的骨架。如果骨架歪了，那么就算把辞藻修饰得再华丽也无济于事。你可能会说，文案创作难道不是各凭本事、各放光彩吗？既然是百家齐放，为什么还要有标准骨架，我连骨架也自己创造不就行了吗？标准由我自己来定不可以吗？

朋友，你想得很有道理，但是，此骨架非彼骨架。我这里说的行文逻辑是作者和读者之间的一种无形契约，是长期以来所有作者和读者达成的共识，是潜在规矩，你必须完成这些契约、遵守这些规矩，不然在读者眼中，你就是背叛了他们。一个叛徒，怎么会受到喜爱呢？

考虑到讲行文逻辑需要分析整篇文章，所以我选择以短视频文案作为主要案例，原因有二：一是短视频文案在当下很受欢迎，受众极广，既然举例要举大众熟悉的，我选择紧跟潮流；二是短视频文案极短，一般需要控制在三五百字，需要在尽可能精简字数的同时把事情说清楚，把故事讲得感人，并确保没有明显的逻辑漏洞（不然会被网友喷到窒息）。

可谓是戴着镣铐跳舞，难度极高。

因此，倘若我们能把短视频文案的行文逻辑处理好，那么长文自然也不在话下。

就市场现有的短视频文案而言，我将它们分成三大生态，即故事生态、知识生态、情绪生态。这三大生态的文案行文逻辑，在侧重点上各有不同。

一、故事生态

顾名思义，就是你要讲一件事。请注意，一件事可不仅仅指故事，这两者是包含关系。首先让我们来看看下面这篇文案，这是我看过的学员真实案例：

40多岁的大叔出差培训还带着孩子是一种什么体验？

我结婚有点晚，虽然不算老来得子，儿子班上同学的家长基本比我小10岁，有时候亲子活动是真跑不过他们80后。

我儿子小时候特可爱。他妈不给买玩具，我经常给他买乐高；他妈不让喝饮料，我就经常给他买雪碧；他妈不让玩游戏，我还把iPad升级成了iPad Air。可能很多老爸都和我一样，带孩子的方法就是扔个手机或者iPad，我可能真不是一个称职的老爸。

后来女儿出生，就更不能让他妈一人带俩了。尤其是到了寒暑假，我出差也好，去学习也罢，都会把儿子带在身边，每次都担心他在会场捣乱或者

跑丢，出差学习都心神不定。儿子也慢慢长大，我开会学习时他会自己看书，也会完成老师布置的作业，在吃饱饭后也能自己上网课，因为他看到爸爸也在学习。尤其有一次他看到我疲惫地蜷缩在酒桌后，安慰我说："爸爸你可以的。"那个时候我突然觉得，儿子真的长大了。

有人说"恩生于害，害生于恩"，看似呵护的照顾反而会害了孩子。

我并不是完美的爸爸，但在你成长的路上不会缺席你的每一段路，是我能给你的最大的爱。

在你看完这篇短视频文案后，我想问你三个问题：

1. 你觉得这篇文案想讲什么？

2. 你看完第一句话后期望这篇文案给你讲什么？

3. 你看完了是感动还是想说"这是啥玩意儿"？

回答完这三个问题，再让我们回去看这篇文案，你会发现这篇文案背叛了你，因为它让你失望了。

来看看这篇文案开头的第一句话，他说他要干什么？

他要告诉你：

40 多岁的大叔出差培训还带着孩子是一种什么体验？

看这个文案开头你感兴趣吗？是不是只有感兴趣了，你才会继续看下去？去听他讲 40 多岁大叔出差培训还带着孩子到底是怎样一种体验？

这篇文案的第二段写了什么？

我结婚有点晚，虽然不算老来得子，儿子班上同学的家长基本比我小 10 岁，有时候亲子活动是真

跑不过他们 80 后。

　　跟你想知道的体验有关系吗？没有。这个时候你作为读者就会开始觉得烦了，因为你觉得他在扯犊子。

　　你原本因为没有这种体验而感到好奇，所以才想继续看下去，结果作者勾起了你的好奇心，却给你讲了一件别的事。

　　其实当我们创作出一篇文案时，你，作为一个作者，已经和读者之间形成了一个隐形的契约。比如作者开头说我要讲一个西瓜，有一个读者一看文章开头，要讲西瓜？我正好对西瓜感兴趣，那我得看看，就看下去，这时候契约就达成了。结果读者发现接下来的文案，作者居然讲了一个梨！读者是对西瓜感兴趣才愿意看的，结果作者在讲梨，此时的作者就没有遵守和读者之间的隐形契约。

　　在故事生态里，这就是没有遵守行文逻辑。

　　故事生态的行文逻辑是什么？就是你写的每一句文案都得围绕你要讲的事去写，跟写作文别跑题一样的道理。但道理这么简单，为什么还是有这么多人不遵守？我做一个不恰当的类比，这就跟人生一样，大道理都懂，真做起来脑子就糊涂了，一进入创作过程就容易犯糊涂。比如你写第一段时还对自己要写的东西很明确，但写第二段时突然觉得还有一件事好像也可以证明自己想写的东西，只是逻辑上有一点点不对，不过无伤大雅，于是就写上去了。写第三段时又觉得另一件事可以证明自己在第二段提到的事，只是跟主题稍微有一点点偏离。最后，整篇文案写完，你觉得没什么问题，拿给外人一看——写的啥玩意儿？

正因为有了以上这些一点点不对的堆积，才让你整篇文案的脉络彻底混乱。这些小问题我们在写的时候往往没有或者很难意识到，所以似乎就成了一个无法解决的问题……

既然写的时候实在没办法避免，那就写完了返回去改啊，实在不行咱们就多改几遍，对吧？说干就干吧。

接下来继续看那篇文案的第三段，检查它的内容跟开头的主题有没有关系：

我儿子小时候特可爱。他妈不给买玩具，我经常给他买乐高；他妈不让喝饮料，我就经常给他买雪碧；他妈不让玩游戏，我还把 iPad 升级成了 iPad Air。可能很多老爸都和我一样，带孩子的方法就是扔个手机或者 iPad，我可能真不是一个称职的老爸。

这一段是在讲出差学习时的带娃体验吗？没有，所以这段没用，删掉。

继续看：

后来女儿出生，就更不能让他妈一人带俩了。尤其是到了寒暑假，我出差也好，去学习也罢，都会把儿子带在身边，每次都担心他在会场捣乱或者跑丢，出差学习都心神不定。儿子也慢慢长大，我开会学习时他会自己看书，也会完成老师布置的作业，在吃饱饭后也能自己上网课，因为他看到爸爸也在学习。尤其有一次他看到我疲惫地蜷缩在酒桌后，安慰我说："爸爸你可以的。"那个时候我突然觉得，儿子真的长大了。

这一段作者终于讲了一点出差带孩子的体验，但是也不多，而且讲的都很空，比如孩子在会场捣乱，但也没说具体怎么捣乱，文案结尾都感叹儿子长大了。

好了，现在这篇文案我们都快看完了，却还没有看到想看的，所以这篇文案如果是想讲 40 多岁的大叔出差培训还带着孩子是一种什么体验，可能需要大改特改，直接回炉重造了。

现在让我们重新梳理一下这篇文案，在动笔之前，就文案想讲的话题，切换思维角度，站在读者的角度去思考。

仔细想想，在这个话题之下，你作为读者，到底想看什么？

答案是细节！请你一定要记住，人类听故事都是有细节上瘾症的。

返回到原来的文案，作者讲他出差带孩子的体验，说孩子在会场捣乱，要怎么写细节呢？孩子是怎么捣乱的？他把会场的桌布都扯了，他躺在会场地上哇哇乱叫？他乱跑乱叫还撞到人了，迫使你不得不低声下气地给别人道歉？你想管他却没空管，你又要忙着处理工作的事又要分心管孩子，结果啥也没干好？这些叫细节。

如果这篇文案的作者能够描述这些细节，才算遵守了与读者之间的隐形契约。所以行文逻辑的第一要义，就是先讲读者想听的。

好，作者讲完了读者想听的了，接下来就可以讲自己想讲的了。作者可以做个总结，说自己在这个过程中发现不能太宠着孩子，该教的规矩得教。但最重要的还是得多花时间去跟孩子交流，去了解孩子的内心世界，总以为自己把孩子带在身边就是陪伴了，其实真正的陪伴是和孩子真诚平等地对话。这样这个文案就可以结尾了。

所以朋友，写文案的第一步，就是遵守行文逻辑，学会满足读者的期待，先讲读者想听的，再讲你想讲的，而在故事生态里，读者想听的是细节。

好故事就是内容总是在读者的意料之中，但情节又总是在读者的意料之外。

如果你刚开始说了你要讲一个宫斗故事，那故事就一定要紧密贴合宫斗的内容，但故事里的角色具体是如何尔虞我诈的，他们的阴谋和招数等又一定不能流于套路，要出人意料。

二、知识生态

什么样的文案属于知识生态？简单来说，就是你的文案是为了让读者学到一点有用的东西。以下是我个人拍摄抖音视频时写的两篇知识型文案，请你在看完之后大胆猜一下，哪一篇文案更受欢迎？

舒尔特方格训练法

为什么有人两小时读完一本书，你却一句话要读好几遍才能看懂，看完还记不住？宝贝你运气绝了，刷到了我。接下来我要分享的训练方法，能帮你快速得到一目十行的能力。哦，家长们麻烦直接收藏这个视频，因为这还能提高学生的注意力。

首先，在纸上画 25 个小方格子，其实也大可不必，去应用商店搜"舒尔特"，有许多现成的App。

然后，在这些格子里随机填上1—25的数字，接下来就盯着它们，把每个数字对应的位置记清楚。

确认自己记住了之后，拿出一张同样的纸画上格子，在空白格子里填刚才的数字。

准确率越高，用时越短，你就越牛。

这个方法最开始是用来训练宇航员和飞行员的，别看简单，你每天花五分钟，不出一个月就能发现效果显著。好了，我是阿鱼，一个爱思考的年轻人。收藏我比收藏视频有用啊，朋友。

麦肯锡图表工作法

麦肯锡图表工作法，话不多说，简单举例让大家理解这个方法。我将用它科学地分析：我丑在哪儿？整容要整哪儿？

1. 寻找真相：解决问题之前要判断问题及问题的严重性。大家可能已经开始研究我该整哪儿了，但事实上，我们要探讨的第一个问题应该是：我是不是真的丑？要搞清楚这个问题我们要用数据来分析。

2. 制作图表：采取横向纵向两种比较法。这是我的身高体重、五官分布与标准值的对比，这是我近半年的体重变化，其他表就不放了（由于这是一个短视频文案，所以当台词说到这里的时候，视频画面会出现对应的图表）。

3. 最后我们来分析数据，挖掘问题：根据分析，我属于中等颜值，丑的主要原因是皮肤不好，此外鼻头过大，眼睛稍小。总体分析下来，我还没有丑到需要整容的程度，这些问题可以通过化妆解决。

好了，其实我刚才说得很简略，毕竟为了娱乐嘛。建议大家完整地去看这本《麦肯锡图表工作法》。大家放心，我让出版社寄了样书给我，闻这味儿，正版的味道。

这两个短视频文案，最后拍摄出来的时长差不多，都是 45 秒左右，而且知识点的操作难度差不多。看完之后，你觉得 A 文案拍出来的视频比较火，还是 B 文案？

我来告诉你吧，是 A。

A 文案拍出来的视频收获 40 多万个赞，我通过这个视频在一周内涨了 20 多万粉丝。是不是很夸张？这写的啥玩意儿能涨这么多粉？你们是不是也比较好奇，我另一个视频是不是也涨粉不少？恰恰相反，B 文案拍出来的视频，勉强上了 1000 个赞，别说涨粉了，没掉粉都不错了。为什么这两者之间会有这么大的差距？来，让我们分别看看两篇文案的开头。

A：为什么有人两小时读完一本书，你却一句话要读好几遍才能看懂，看完还记不住？宝贝你运气绝了，刷到了我。接下来我要分享的训练方法，能帮你快速得到一目十行的能力。哦，家长们麻烦直接收藏这个视频……

提出问题，营造场景，指出困境—明示好处，让读者产生对知识点的期待—明示或暗示点赞关注。

B：麦肯锡图表工作法，话不多说，简单举例让大家理解这个方法。我将用它科学地分析：我丑在哪儿？整容要整哪儿？

开门见山，直接提出知识点——抛出例子。

发现这两者的差别了吗？写知识生态的文案，哪怕你的内容再牛，你在文案开头也得让读者先意识到这一点，以及说明能带给他们什么实质性的帮助。只有让读者对你接下来讲的知识点产生期待，他才有可能看下去，不然他为什么要浪费时间去看一个对自己完全没有帮助的知识点？

假如你是个文科生，有人跟你说："来，你先别看电视了，听我来跟你聊聊量子力学。"你心里会怎么想？你肯定会直接说："神经病啊，还想耽误我愉快地玩耍，滚一边儿去。"

但是如果那个人跟你说："快别看电视了，这种穿越剧光看有什么意思？我跟你讲个特别牛的知识点，你学会了说不定还能像女主角一样穿越，跑到古代混个享尽荣华富贵的皇后当当。"这时候你想听吗？

当然，玩归玩，闹跟闹，咱们不能拿量子力学开玩笑，这是一门非常深奥的学问，如果你真的能把它讲得清清楚楚，那你也不必研究文案了，赶紧去为科研事业做贡献吧！

刚才我们的举例虽然很无厘头，但我把知识生态的行文逻辑运用得很准确。你看，我抓住了用户感兴趣的点，结合这个点举例明示学习它能给大家带来的好处，让用户对后续内容产生期待。

有了这份期待，即使我后续讲得再枯燥，大家也有了更多听下去的动力。

A、B两篇文案在真正讲解知识点的时候，其实用的方式差别不大，就是我在本书之前提到的表达方法，运用时间顺序和一些逻辑顺序词来降低读者的理解难度，理清他们的学习思路，这也属于知识生态行文逻辑的一部分。毕竟读者看你的文案，是希望你把知识简单化，而不是混乱化的。

再看 A 文案的最后一段：

这个方法最开始是用来训练宇航员和飞行员的，别看简单，你每天花五分钟，不出一个月就能发现效果显著。好了，我是阿鱼，一个爱思考的年轻人。收藏我比收藏视频有用啊，朋友。

再次强调知识点的重要性，加深读者脑中的印象—暗示操作简单—强调学习之后带来的变化—明示或暗示点赞关注。

B 文案的最后一段：

好了，其实我刚才说得很简略，毕竟为了娱乐嘛。建议大家完整地去看这本《麦肯锡图表工作法》。大家放心，我让出版社寄了样书给我，闻这味儿，正版的味道。

暗示这个文案看了用处不大（说自己讲得很简略，约等于没什么用）—加大了操作难度（还得再去看书）—卖书（背离了读者对内容的期待）。

我们完整分析了这两篇文案之后，是不是能理解它们为什么在数据上有如此大的差别了？你搞清楚知识生态的行文逻辑了吗？

开头必做两件事：

提出问题，营造场景，指出困境。

明示好处，让读者对知识点产生期待。

中间注意两件事：

逻辑。

顺序。

目的是降低读者的理解难度，帮他们理清思路。

结尾强调三个点：

强调知识点的重要性，加深读者脑中的印象。

暗示操作简单。

强调学习之后带来的变化。

三、情绪生态

所谓的情绪生态文案，无非指那些能够唤起你的情绪，让你产生共鸣的文案。比如我们常常谈到的那些鸡汤文，就属于情绪生态。

但是，许多刚入门的文案创作者总是把情绪理解成喜怒哀乐，或者是通过悲欢离合去表达喜怒哀乐，其实这是不对的。情绪是一种非常奇妙的东西，倘若你跟我相处，我不说话你也能感受到我的情绪；倘若你不认识我，我用再多的词去形容我的心情，你也无法跟我感同身受。

这个世界的大多数情绪都无法直接用文字表达，这是事实。

情绪更像是一条难以捕捉的暗流，不知从何而来，也不清楚去向何方。我们想用手捕捉它，不行，它是水，无法掌握；我们想搞清楚它的流动路线，不行，它是暗流，时刻变换，时刻涌动。

所以想创作出好的情绪文案，不应该总想着如何运用情绪、制造情绪，也就是不能想着要怎么用它，而是要想自己的文案应该怎样顺从它。既然情绪是暗流，那么我们想要借它的势，就得在它的周围堆砌文字，让你的文字跟着情绪走，而不是让你的文字去掌控情绪。舍弃那些你迫切想要使用的尖词锐语，它们不会让读者感受到你的情绪。

比如对爱情的绝望、对亲人的温暖、对朋友的嫉妒、对自己的恨铁不成钢……这些情绪，你无法用文字直接表达，因为在情绪面前，文字太有局限了。即使你用再多的篇幅也无法表达清楚一种微妙的情绪。所以这时，作者所要做的就是不要去想写文案这件事，用心去感觉你的情绪，用心去记住情绪的每一次起伏，记住这样的感觉，把握它的变化，然后再去输出文案。

你在文案中写："我们分手了，我伤心透了，我好难过。"没人会懂得你的难过；但如果你记住自己当初难过时的那种感觉，记住了使你难过的事件和当时情绪的变化，你再原封不动地把它们描述出来，纯描述，单纯只做一个记录者，效果往往就达到了。

比如我记忆特别深刻的一次，那时我刚工作不到一年，请了四天的假，买了机票去上海，就是为了向某个男孩告白，但那个男孩却以百般托词拒绝跟我见面。在好不容易见面的那一刻，我正打算跟他开口的那一刻，他先开口了："我跟你讲，我其实一直有一个暗恋的人，我听说她前几天分手了，你给我出出主意……"那一瞬间我明白了，原来以前我们之间那些若有若无的暧昧和试探他都懂，只是一直装作不懂。我失恋了。后来的几天，我从早到晚一个人背着相机包游荡在魔都的大街小巷。即将离开的最后一天晚上，我走在某个有梧桐树的陌生街头，一个人走走停停之时，我在不停地感受自己的情绪，因为感受得太清晰了，每一种起伏，那些脉搏和心脏跳动的细节，我至今仍然记得。于是我在十几天后写出："那天我们告别，城市有大雨的前兆，梧桐哗然潇洒，许多人都忙着拍照，而我只是徐徐而过。那些叶子枯了，不该落在心底，就该落在地上。"我没有用任何的情绪化词语，只是做了一个简单的描述，但你有没有感受到我当时萧瑟难过却毅然决然的心情呢？你是否在某一瞬间和我感同身受了呢？

我想这样随情绪而走的描述，一定比我直接说"我失恋了，我好难过"更让你感受得到吧？

我做了什么呢？我只是一个普通的情绪记录者而已，只是记录了当时的情绪环境和情绪起伏。

所以，请记住情绪生态行文逻辑的重点：情绪不能被创作，只能被记录。

我们要从哪里开始记录呢？

埋下情绪的种子

情绪虽然是暗流，但也能够让人感知。如果是无法被感知的暗流，那就毫无用处了。暗流暗流，前提是真的有水可流。之所以把这一步称为"埋种子"，是因为情绪本身就有一个逐渐积累的过程，积累到一定程度就会在一个点彻底爆发。这个过程就像是埋下一颗种子，静等它发芽。你可以把它理解为铺垫或者是伏笔。在这一步里，我们的目的就是向读者空空如也的心里投入一颗情绪的种子，让他能感知到。我们有目的地抛出一个东西，让读者对你抛下的东西产生一种期待，在无形之间就增加了调动读者情绪的空间。一般来说，这样的种子可以是一个场景，比如，庭有枇杷树；也可以是一件事，比如，今天分手了；还可以是一个问题，比如，做了别人爱情里的工具人是什么体验？

搭建供情绪滋长的支架

逻辑就是支架。你可以这样理解，情绪是种子，发芽后会长出藤蔓，要想让你的情绪健康地生长下去，你就要给它搭一个可供攀爬的支架。这个支架非常重要，它是我们所有情绪的合理性支撑：你的支架是直的，情绪就可以正常往上；但如果你的支架弯了，那么情绪就会产生偏移。偏移的情绪无法正常上升，自然就无法顺利达到爆发点。

怎么做才能保证我们的"支架是直的"，让情绪正常上升呢？这就需要我们在叙事时实现逻辑自洽。如果说刚开始我们只是用一个点埋了种子，那么现在就是我们记录情绪生长过程的时候了。要怎么记录呢？所谓的逻辑自洽用在什么地方呢？我们要记录的是故事和场景，而逻辑自洽用在这里无非就是让我们的故事和场景合理。比如我因分手而难过，总不可能无缘无故地分手吧？不能正在跟男友你侬我侬互相喂饭，下一秒就分手吧？不可能你上一秒还在巴黎铁塔喂鸽子，下一秒就在土耳其坐热气球。你更不能描述一个场景，说你在三亚海边赏雪吧？

给情绪的种子浇上膨胀生长的水

想让情绪的种子成长起来，你不能不浇水。让种子时刻被照顾，让它生长在一个适合生长的环境中，你可以把这个过程理解为保持作品的沉浸感。

举个例子，我刚才不是写了一个分手的场景吗？

"那天我们告别，城市有大雨的前兆，梧桐哗然潇洒，许多人都忙着拍照，而我只是徐徐而过。那些叶子枯了，不该落在心底，就该落在地上。"

这段文案一直都处于沉浸状态。那如果我是这样写的呢：

"那天我们告别，城市有大雨的前兆，梧桐哗然潇洒，许多人都忙着拍照，但是我就是不拍，因为我是个没化妆还被人甩了的丑鬼，我不配。再说这大冷天，冷飕飕的，不回家干饭还拍什么照？干饭！干饭去！"

是不是感觉画风突变？你刚酝酿起来的情绪是不是唰的一下子就被我搞没了？这就是没有保持沉浸感的文案。

提供引爆点：开出情绪共鸣之花

我们花了那么久的时间去培养一颗情绪的种子，到这里，它也该开花了，开的就是共鸣之花。共鸣就是我们所有文案作者的终极目标，让读者在我们的文案中感同身受，一起将积累起来的情绪宣泄出来。我想这个时候，应该就是读者和作者一起到达的高潮。

　　共鸣之花的绽放一定不是无缘无故的，它需要一个爆发点。这个爆发点就是你设置的事件或者场景。这个时候不要想着去用任何形容词，记住，只描述事件或者场景，只有这样的描述才能让读者的脑海中有画面，而此刻读者脑海中的画面就是承载我们情绪爆发的载体。当然，这个载体也可以是金句，但是你我都知道，创作金句不是那么简单的事情，需要一点智慧加一点技巧。这不是在普通文案创作中可以信手拈来的，所以与其指望金句，不如实在一点，就用事件和场景。

　　跟大家透露一下，第八章我还真的会分享一些金句创作的技巧。不过请注意，也仅仅是技巧而已，智慧方面，我不是大师，没办法让你顿悟。

Chapter Six

第六章

如何讲好
一个故事

一、从两个故事讲起

首先给大家讲两个故事。

我是阿鱼，一个普通人。如果你见到我，你会发现，我拥有所有普通人的特质——普通的长相、普通的学历和普通的家庭。

但在我 20 多年的生活里，我讲过两个故事，通过这两个故事，我实现了两次人生转折。听上去颇有些传奇色彩，是不是？

我接下来就跟你讲讲我的故事，顺便也让你了解到，会讲故事这项本事到底能对我们的工作和生活产生多大的帮助。当然了，帮助最大的方面自然是写文案、写故事了。

2015 年开春，我正式进入高三的最后一学期。说实话我没什么高考压力，不是因为胸有成竹，只是因为读了十几年书，一直都在想着等到高考一步登天。高中只剩最后一个学期的时候，早累了，我对成绩实在是没有任何自我抢救的心情。

我想，高考成绩只要不太丢脸，能上个普通大学，我妈应该也挺高兴，我又何必再努力呢？

不过班主任似乎并不想让我安安静静地度过这最后一学期。

用了好几个晚自习的时间，班主任轮番把同学叫出去"打鸡血"，鼓励我们说出自己的目标院校，回来后好多同学都激动得哭了。

我很确定是激动哭的，因为那些被说出的目标院校，最后出现在百日誓师大会的宣誓牌上。那些哭了的同学，在誓师大会上叫得跟咆哮的土拨鼠似的，估计第二天嗓子都哑了。

现在回想百日誓师大会的场景，我还是觉得很想笑。如此稚嫩的一群孩子，在一个青涩的年纪为自己的未来宣誓，自信地认为自己的脊背能够背负起任何一个精彩辉煌的世界，却没发现自己连对理想的表达都是这么笨拙而……动人。

对了，你要是问我哭没哭，那我告诉你，哭了，专门带了眼药水，提前滴的，我怕没哭班主任又得找我谈心。不过说来还是挺感谢班主任那么努力地给我"打鸡血"，可惜我实在是烂泥扶不上墙，直到高考结束，我奋斗的火苗都没燃烧起来。

不过连我自己也没想到的是，虽然班主任在我身上付出的努力没有取得效果，但他在资优生身上的努力却在我身上起到了效果。是的，在别人身上的努力，在我身上取得了效果。

这件事情发生得很没逻辑还很幼稚。很多名牌大学都有自主招生，简单来说，你通过了目标院校的自主招生考试，即使你的高考分数没有达到录取线，也能被录取。一般来说，这是资优生的权利，因为普通人谁会这么自不量力？自主招生考试可并不比高考简单，能通过自主招生考试的人，基本都是得过许多奖，成绩本身就好的，普通人一般在报名环节就被刷下去了。所以，当班主任当着全班同学的面，让班上的前三名去报名参加名校自招的时候，大家都觉得理所当然，并祝愿学霸成功。

当然，除了我。

不是我天生反骨。我当时正好和我们班的第二名不对付，我看不惯他，他总在我面前嘚瑟。尤其是他被班主任叫上讲台的那一刻，带着那种特有的自负表情，还专门歪头扬起下巴瞅了我一眼。他那撅着屁股走上讲台的样子像一只战功赫赫的大公鸡……这让我更不爽了。

虽然我不想承认，但又不得不承认，我当时确实幼稚极了，就想跟他作对，让他不爽。

恰因那份嫉妒，当天下课时我马上了解了一下自主招生，查询之后，我得出结论，这三名同学都会在报名环节被淘汰。原因也很简单，他们的目标院校不是清华就是复旦，虽然他们是我们班的前三，很优秀，但优秀也不过是被我们这些普通生衬托的，跟参加清华、复旦这类名校自招的其他竞争对手相比，他们相形见绌，必输无疑。

也就是在得出结论的那一瞬间，我突然决定在高中的最后一学期玩一个小游戏——我要参加自主招生，随便哪所学校，只要能报名成功就行，反正能进行自主招生的学校都不会太差。其一呢，是想看看到时候资优生报名失败，我却报名成功时，同学们有什么反应。没错，这很幼稚，很恶趣味。其二呢，是为了自己心里潜藏的那个励志逆袭梦，谁不想当一匹黑马呢？这种事迹我可以用来吹一辈子。其三呢，逼自己一把，让自己努力，我不想继续当时那种力不从心地做白日梦的状态了。

说干就干，不到一周的时间，我就在学信网填好了各种信息，并准备好了报名表和所有资料。我还记得当时我把报名表拿去给班主任盖章时，他表现出的惊讶……和对我勇当炮灰的敬佩……甚至有一两分盼我逆袭成功的期待……

临寄材料的前一晚，我慎重地拿出了两张空白的 A4 纸，然后在上面手写了一个故事。这本应该是用来写个人经历的，但谁也没规定不能把个人经历写成故事，不是吗？

那个关于我的故事是我取胜的关键，我在材料寄出时把它放在那一沓材料的最前面。

如果你问我具体写了一个什么故事，其实也没什么，天下的故事就那么多，俗套又有用。具体的文字我已经忘得差不多了，这些年来我创作了许多故事，这个故事已经被我归置在记忆中不起眼的小角落，找不到了。

但我可以告诉你，任何一个看过我那个故事的老师，都会认为这个写信的人对目标大学极其热爱向往，现在迷途知返，是一个准备逆袭的、有勇气的、真诚的年轻人。

哪个老师能拒绝给这样的年轻人一个复试的机会呢？复试而已，又不是录取。

我最后接到了西南大学的复试通知，时间大概在高考结束的后一周，具体时间现在已经想不起来了。

总之算是成功了，因为一个故事。

随后如我所料，我确实让一部分人感到惊讶了，但我并未逆袭。

因为还是没能努力起来。啊，想来自己还真是一个烂泥扶不上墙的家伙啊。

于是，高考完之后我彻底放松了，也彻底凉凉了。

我不可能上那所大学了，即使我通过了自招复试，我的高考分数也达不到重本线，而自招录取的最低要求就是，你要过重本线。所以，我其实大可不必参加自招复试了，因为不管复试是否成功，我都注定失败。

但我还是去了。提前两天去的，因为那是我第一次出远门，我需要到陌生的城市先熟悉路线和环境。

因为家境不好，这又是一个结局注定失败的尝试，我需要尽可能地省钱。

第一天，我先在那个潮湿闷热的城市找到了一家 67 块一晚的宾馆。我那个房间的床单上有一块明显干掉的血迹，当时我掀开被子，只迟疑了两秒，就将被子覆盖住床单，然后和衣倒在被子上，心里想着：还颇有些应景，这一切。

第二天，出门熟悉路线时下雨了，没伞，淋雨回宾馆，匆忙洗干净衣服后发现：自己因为没有行李箱，只在书包里塞了一套外衣，居然忘记带内衣裤了。

宾馆没有吹风机，我只有尽可能地把内衣裤拧干。

第三天，我穿着还有些潮湿的内衣去复试了。复试的场合不会给你讲故事的机会，随机抽考题，给答案，英文介绍。很显然，每个环节我都失败得很彻底。更可笑的是，我连普通话都说不清楚。

面试老师显而易见地以失望的姿态合上那两页精彩的故事，把那个操着"川普"还努力想着耍小聪明的我，衬得可笑至极。

带上门走出考场的那一刻，我的脑海最终只跳动出一句话：自不量力，活该！

回去路上，我蹲在陌生的马路边哭了三四个小时。那天，我穿着潮湿的内衣裤，坐在潮湿的马路牙子上呼吸着潮湿的空气，最后擦干了潮湿的脸，终于燃起那迟来的、奋斗的火苗。

原来，想让自己真的努力也很简单嘛。

完全打碎自己所有不切实际的幻想和小聪明。

往后的故事就简单了，大学四年的我，说来说去，"努力"二字即可概括。至于是否取得什么耀眼的成果，那是后话了。

第一个故事就到此为止吧。

你只要记住一点就好：通过讲故事争取到的机会，因为没有实力，成了笑话。

第二个故事就简单多了。

因为高考成绩一般，我上了一个二本学校，虽然在大学很努力，混成了优秀的那一批，但是毕业了，啥也不是。社会就是这么现实，你学历不好就连大厂的简历关都过不了。多番权衡之后，我没有考研去提升学历，而是找了一个专业并不对口但我认为不错的行业，在一家小公司实习，做的正是新媒体工作，月薪 2800 元。做了半年，我学得很快，确认以自己的水平确实没有在那家公司待下去的必要后，辞职了。下一份工作，我决定要进大公司，简历关现在比较好过了，毕竟工作之后看的就不是学历，而是经验和能力了。我在第一份工作里创作出好几篇爆款文案，也对行业有了全面了解，所以，我顺利得到了一家大公司的面试机会。不过，我虽然过了简历关，面试关可不好过，参加面试的人就资历和经验来说都比我更好，我毫无亮点。所以见缝插针，我又给面试官讲了个小故事，说来有点意思：一个刚毕业不久的小姑娘的故事，毕业时其实已经拿到名牌大学留学 offer 却因家庭变故没有出国、创作能力不错、积极乐观、对正在面试的这家企业有长久的向往和充分的了解的故事。

最后直接说说结果吧，我在通过几轮面试后，顺利入职。

这次我讲的故事又帮我争取到了机会。还好，这一次我凭实力抓紧了。试用期我的表现毫不逊色于谁。对了，最重要的是我完美验证了我所讲的故事里的自己。

之后的其他经历我就不多提了，阿鱼的故事，整体来说确实比同龄人丰富不少，一定程度上来说，我丰富的故事最终都丰富了我。

不继续说我那些俗套的小故事了，讲到这里我的目的已经达成。

我只想告诉你，会讲故事是一项很重要的能力，它能帮你争取到机会。

我更想告诉你，在现实生活中，你光有讲故事的能力还不够，还需要有支撑故事的实力。

本事撑得起故事，终成佳话；本事撑不起故事，终成笑话。

本事方面就得靠你自己努力了，但故事方面，我还可以帮你一点忙。现在我们已经知道了，会讲故事很重要。我先简短说说它为什么重要吧：人类，是会被故事感动的。故事是人们认识世界的基本单位。

我们又恰好生活在一个信息过载的时代，在这个时代，我们每个人都有机会走向世界的前台，讲上五分钟的故事，但是请记住，只有五分钟。讲故事虽然是一个强有力的工具，但用起来也是一项技术活儿。

在职场上，倘若你是一个很会讲故事的人，这能够大幅度提升你的竞争力，因为故事会唤起人们的情绪，让人们对讲故事的人产生好感，有助于建立信任，从而影响人们做出决策。当你演讲，做营销，想要打动你的客户、赢得上司的好感之时，这项技能是不是就变得很有必要？

在生活中，讲故事也是很好的人际关系润滑剂，你可以让对方觉得你讲话有意思，你有一个有趣的灵魂。

所以，生活中充满了需要你讲故事的时刻。

然而，并非要像说书先生那样才叫讲故事。

如何讲好一个故事？我终于要切入正题了。

二、故事是如何构成的

你的人生有故事吗？

如果你每天按部就班地生活，没有什么特别的起伏和意外，那这种普普通通的小日子就不能算是故事。除非你某天突然中彩票或生病了，那你就有故事了。因为有意外才有故事，故事的本质就是"事故"。

所以现在，你希望你的人生有故事吗？

应该没人会希望吧？

但我们没有故事就不能写故事了吗？那倒不至于，我们要感谢人类特有的一种能力——共情力。

我们可以不用拿自己的人生去体验故事，这相当不划算。我们可以把别人的故事作为自己的创作灵感，这话说来残忍，但也很真实，你最好期待你的人生没有故事。

接下来请看这张图，这就是故事的基本结构，也就是所谓的 LOCK 系统。

这是《好故事》里提到的一个很好的方法，大家也可以去看看原书，因为我在介绍 LOCK 系统的时候加入了自己的想法，和书里介绍的有些出入。

主角（Lead）

众所周知，每个故事都有主角。

请你想象一下，如果天桥下面蹲了一排乞丐，每个人面前都有一个牌子和一个碗，都写了自己有多惨，求你行行好给点钱。但偏偏有一个乞丐，他拿着两根筷子敲碗作为伴奏，用说唱把自己的遭遇唱了出来，唱得还好听，挺真诚，而且你发现，一旦别人给他碗里放钱，他还会即兴说唱一段祝福词。

你会对谁印象更深刻？更愿意给谁钱呢？

答案很明显，对吧？

所以我想要强调的是，我们在写故事前，要先设置主角人设，而这个人设一定要有趣、有特点，最好是非典型人物，但是又贴近生活。

这里有几个方法可以供大家参考：

不要塑造一个典型人物

当你想到一个人物时，一定要把你首先想到的形容词画一个圈，找一个完全相反的词去替换它。

让人物表里不一

主角明明是一个柔弱的女人，但偏偏又敢干男人都不敢干的事，明明嘴笨又能说出最动人的情话，明明自卑偏偏又有自己的骄傲，表面冷酷内心却极其单纯善良。如此种种表里不一，才会让人物性格更有张力。

让你的人物和他的缺点作斗争

比如我讲自己第一个故事的时候，我是一个怎么也努力不起来的人，这是我的缺点，但是我还想尝试做一些事情去战胜这个缺点。

如果你在设立人设的时候就已经有了让人眼前一亮的东西，那么你这个故事大概率是不会差的。

这个人设在设立的时候应该主要考虑性格方面，然后再通过背景做铺垫，通过情节去表现，使其合理化。

目标（Objective）

这个词刚抛出来，你可能会觉得不明所以。什么目标？谁的目标？

我们这样想：故事故事，不就是要写发生了什么事吗？主角是什么人我们已经在第一步定下来了，但是他要干什么事，我们还没定。

我们作为人，一旦做一件事，是不是就会有做事的目标？我为了填饱肚子所以要吃饱饭，不吃饭就要承担饿肚子的后果，道理就是这么简单。如果你想要安排你笔下的主角做某件事，那么作为作者，你要先为他明确做这件事的目标：为什么要去做这件事？做成了会取得什么？没做成会失去什么？

他为什么要去做这件事？这就是目标，也是主角做这件事的动机。

当然，这只是第一个目标，这个目标是为了让你在写故事的时候没有明显的逻辑漏洞。你这样做了这样想了，至少不会让读者在看了你写的故事后觉得主角脑子有毛病——主角为啥要费那么大的力气去做一件不知为何要做的事情？

写故事时我们通常会给主角设置两种动机：（1）想取得某样事物；（2）想逃离某样事物。这些事物还必须和主角的生活背景息息相关，他如果不去做这件事，会对他的生活造成很大的影响，他的生活可能会急转直下。在这里再给你提供一个技巧：如果主角的目标和生命有关，他不做这件事就会有死亡威胁，这个故事就刺激了，这样的目标就会让读者跟着主角一起担心。

我们继续拿上文提到的说唱乞丐为例，你走近这个乞丐身边，正打算给他钱的时候，他却突然找了个借口骂你，跟你吵架，还跟你扭打起来。你正生气至极的时候，发现他居然借打架的契机偷偷地往你手里塞了一个小字条。你环顾四周，一群男人正向你们的方向走过来……

那一瞬间，你懂了，这个乞丐肯定是被强迫的。

于是你配合他演戏，然后攥着字条悄悄走到一个角落，打开一看，上面写的是："麻烦你把字条交到×××超市的李大叔手里，此刻握在你手里的是 30 条人命。请你一定要做到！×××××××××。"后面跟着的"×××××××××"是一串你看不懂的符号。

这时候故事是不是逐渐丰满起来了？乞丐为什么要打你？因为他要把字条偷塞到你手里。这就是主角做打你这件事的动机。我们故事的合理性就是由无数个这样的动机实现的。

但光这样还不够，这样的动机设置只能被称为小目标，它只是让我们的故事在逻辑上立住了脚，不至于被读者笑话。

为了拔高我们的故事格局，要设置的还有第二个目标，这才是我们故事的核心，是推动故事走向的关键。

继续讲那个说唱的乞丐的故事吧。

如果我们设置这个乞丐是一个年轻的卧底，此刻在天桥下要饭是他打入犯罪分子窝点的前提，他最大的目标其实就是所有人民警察的目标——匡扶正义，打击犯罪分子，服务人民。

现在理解我所说的目标了吗？我们的故事一定会有一个大目标，这个大目标是我们整个故事想要表达的核心，但是这个目标太大了，我们只能通过一件件小事去把它表现出来。同时，你所写的所有事件，都有一个小目标，这些目标是人物做这件事的动机。这些动机肯定各有不同，但是都是为你给故事设立的那一个大目标服务的。

就刚才乞丐的事件而言，我们还应该设置一些动机：他为什么会选中你去传纸条，以及他为什么要当警察。

冲突（Confrontation）

你有没有过在看电影或电视剧时想给编剧寄刀片的冲动？你会觉得，这个编剧太狠心了，为什么要这么折磨我爱的主角呀，我的主角太可怜了。

那么我现在告诉你，你要写的故事，也得学会变着法儿地折磨人。主角不是有目标吗？你就是那个恶毒的后妈，你要想方设法给主角设置阻碍，阻止主角完成目标。设置这些阻碍就是制造出冲突，你的故事是否精彩，很大程度就取决于你的冲突制造得好不好。你的冲突制造好，就会让读者跟着你笔下的主角一起揪心，从而陷入你的故事无法自拔。

接下来，让我们欢迎我们的老演员——说唱乞丐再次上场！

你好不容易把字条送到了指定人物的手上，结果那个人其实是个叛徒，他早就和犯罪分子沆瀣一气了。于是，乞丐陷入了危险之中，所有人都追杀他。他在躲避追杀的过程中分析出一定是警局有叛徒，他要揭露那个叛徒，将他绳之以法。

你看这里就有冲突了，这个冲突是什么？

邪恶与正义的冲突。邪恶势力不停地阻碍我们正义的主角达到目的，在这期间，我们身为作者，就可以尽情利用这种冲突去折磨主角了。

发挥你的脑洞，把他弄得越惨越好。

冲击性结尾（Knock out）

什么叫冲击性？就是你的结尾一定要给读者砰的一拳。结局要么让读者爽到爆，要么让读者笑到哭，要是痛就要让读者痛彻心扉，给他们敲一记意味深长的警钟。比如我们英勇正义的卧底乞丐，你想给他安排一个怎样的结局？他付出了许多代价，爱人为了救他在他面前惨烈牺牲了，家人也被坏人们害死了，最后他虽然获得了表彰，却失去了最亲最爱的人，余生都奉献给了我们正义的警察事业。

结局，一定要给读者一个干净利落的交代，不要拖泥带水，要把前面你挖下的坑全部填上，不然，读者会生气的。

三、故事的趣味性是怎么产生的

刚才我用 LOCK 系统讲完了故事的结构，你肯定会觉得，按这样写故事我的故事就老套了，现在谁还看这么老套的故事啊？朋友，其实故事还真就很老套，不信把你看过的所有故事都翻出来再看一遍，是不是 90% 都满足我说的那个结构？我自学编导的时候学了故事的基本模式，学习时有一句话我记得非常清楚，老师说：世界上有且仅有 36 种故事。不信你现在可以去网上搜一搜关键词：36种戏剧模式。我们看过的电影和电视剧几乎都属于这 36 种模式。

但是为什么我们明明看的都是同一种套路的故事，还是会觉得每个故事都不一样，并且觉得有的故事很好看呢？

我告诉你两个字——预期。

就是让我们的故事产生趣味的东西。

建立并满足预期：给读者脑补空间

人类思维的本能在于，他在接受你的设定之后，就会一直在头脑中演戏，而且读者大脑里的戏永远都比作者笔下的更多。因为每个人的经历不同，读者看到你的设定，就会自然而然地联想自己生活中的经历，这样的结果就是，你可能只需要稍微提点一下，他们就能脑补出许多故事。所以高段位的作者写故事，从来都不是让读者顺着自己写的故事看，而是让他们的大脑有戏可演。

有一次我发了一条抖音视频，讲了我和老师的一件事。我说我曾经有次很不尊重我的老师，当着全班的面让她下不来台，结果老师不仅没有责备我，还借此机会开导教育了我。我在那个视频里说很感谢当初的那个老师，她引导我成为一个温柔的人。

结果你猜怎么着？

我因为那个视频被很多人发私信骂了。原因各不相同，但所有骂我的人几乎都是通过我在视频里说的，我打断了老师说话的行为，对我进行了各种脑补。脑补的材料是什么呢？就是他们在生活中遇到的那些曾经和我有过一样的行为并且非常讨厌的人。那时他们骂的人已经不是我了，而是当初他们最讨厌的人。

通过这件事情，我再次认识到脑补的力量。

当时的那一批私信，可以说给我提供了大量的素材，我都没有想到，原来打断人说话的人，还可以做那么多的坏事。从此，我故事里的反派角色更鲜活了。

再比如电影《死神来了》，你觉得吓人吗？很多时候都是里面的主角在自行玩耍，在玩过山车，在做眼睛手术，这都是正常的日常生活，但是你看着他们做任何事情都会为他们感到担心。因为这个电影在最开始就给你建立了预期，这些主角都会死，但是主角不知道，而你这个场外人，虽然知道他们都会死，却不知道他们会在什么时候死。

所以这时，主角越正常，你就越感到恐怖和提心吊胆。

在这个过程中，没有人做任何让你害怕的事情，但你害怕了，你被自己的脑补吓到了。

不过问题也来了，我们要怎么写才能让读者脑补呢？

记住，在讲故事这件事情上，你没有权利干任何一件闲事，哪怕是那些看起来根本不重要的事情也应该有一个作用，那就是用来建立读者的预期；当你把读者的预期建立起来后，还必须要回答他们的问题，要跟他们产生链接，不能白白建立他们的预期。不然这就是一种变相的背叛，会引起读者的愤怒。

比如你在故事里写了主角去买可乐，那么买可乐这件事就一定要对故事起到作用。他要么就是在买可乐的路上遇到车祸了，要么就是在路上遇到了真爱，不然，你总不能专门花笔墨写主角口渴了于是去买了一罐可乐，喝完他就回来了吧？你要真的这样写，那你就是在干闲事。

还有一种情况是，你非要去把那些众所周知、顺理成章的事实写进故事里，这些也是废话！我们的故事不需要废话，那些在生活中显而易见的事实不需要你专门敲字来说。那么什么叫显而易见的事实呢？我给你举一个简单的例子。

寒冬腊月，你要出门了，临近出门的时候，你妈叫住你：外面下雪了，多穿点衣服。

这个听上去好像一点问题都没有，是不是？

是！也不是！

这样的表达逻辑在生活中完全没有任何问题，但出现在故事中，就会显得故事一般。不知道大家有没有看过郭麒麟演过的一部电视剧《赘婿》，里面郭麒麟演的那个角色有一句台词就在网上很火，他说："起风了。"就只说了"起风了"，但是看剧的人立马就会反应过来，脑补下半句：起风了，乌家可以破产了。因为之前电视剧铺垫了很久，郭麒麟那个角色一直在布局让乌家破产，此时剧情发展到了高潮，结果呼之欲出，他轻飘飘地说一句"起风了"，相当于往一座即将爆发的火山的岩浆里扔了一块石头，然后静待它的爆发。此时如果让主角把话说完了，反而无趣了。

所以，记住，好故事要让读者自己写，让他们自己脑补，方法就是建立预期、满足预期。

偏离预期：引发读者情绪

我们建立了预期，让读者有了脑补空间，这一步只是在满足他们，想要真正引发读者的情绪，就需要在建立起读者预期之后再偏离他们的预期，要来一点和他们脑中想的不一样的东西。

作为作者，要用什么样的手段才能实现偏离读者的预期呢？三个字——认知差。人和人的认知是有差距的，而人的认知和故事的真相又是有差距的。基于这个差距，我们就可以搞事情了。

比如，我们要写一个坏人，你会怎么写？

如果你这样写：

这个坏人把好人杀死前大声说："我这个人心狠手辣，无恶不作，我要杀死你。"

如果你真的这样写，那你和读者之间肯定有一个是傻子，不是你傻，就是你把读者当傻子。这就是典型的没有认知差的表述。

如果我们试试这样写呢：

这个坏人把好人的双腿打断了，然后丢到街上当乞丐，每天只给他一点点自己吃剩的饭。自己吃完鸡腿后还强行把剩下的鸡骨头往好人嘴里塞，边塞还边说："你就安心吃下吧，讨饭还能遇到像我这般大方的老板，让你尝尝油腥，你太幸运了。我就是太善良了，要是你落到别人手里，就不是打断腿这么简单，直接把你内脏拆出来卖了，哪里还有机会嚼这么好吃的鸡骨头。"

你看，这坏人多坏啊！都坏到这个地步了，他还觉得自己是个好人，他那么坏却还认为自己善良。

这样一来，就形成了读者与故事之间的认知差了。读者会觉得这坏人简直坏得令人发指，读者会对这个坏而不自知的坏人感到愤怒。

这种认知差不仅可以帮助我们挑起读者对角色的情绪，还可以产出喜剧效果，给故事埋一些有意思的哏。

比如电影《西虹市首富》里面，沈腾在电影里说，我一定会遇到贵人！

下一秒，他遇到了一个给他跪着的"跪人"。

这样的认知差、喜剧效果是如何产生的呢？其实就是把观众的认知引导到一个方向，而故事却在另一个位置出现。

如何找到自己的故事风格

你有没有这种感觉：自己在读文字的时候，

脑子里好像有一个声音在帮你读？你有没有想过，那个声音是谁呢？哈哈，细想是不是觉得有点恐怖？

其实我们还真的可以想一想，因为讲故事不也需要一个人去讲吗？你想把讲故事的人设置成谁？你提前把这个讲故事的人的形象设定好了，那么读者在读你这个故事的时候，就没有我们刚开始的疑问了，他们会自觉地代入你给他们设计的角色。

想把讲故事的人的角色设计好，你需要考虑三个问题：

1. 什么是你的故事？

2. 你喜欢用什么样的人称？

3. 统一叙事者形象之后，这个角色要不要在故事中发挥作用？

如何运用故事激发情感共鸣

先充实自己的情感

作者本身没感情，谈什么感动读者？如果我们想塑造真实的、接地气的人物，描述出自然的场景，那么就需要多关注一些细节，提升自身的敏感性，去发现生活中那些能唤起人情绪的点。身为作者，要学会比普通人更敏感，这已经是最基本的要求了。许多人甚至会专门花一段时间去体验自己笔下的生活，或者花几个月的时间跟自己笔下的这类人一起生活。表演课的老师会让学生真听、真看、真感受，我可以明确地告诉你，想写出真实感人的故事，也需如此。

多听故事

我在这章开头就说过，人的经历有限，我们不要指望在自己的生活中发生故事，但可以从别人的经历中获得自己的故事。实不相瞒，我从未谈过恋爱，所以我写的第一个有关甜蜜恋爱的故事是通过观察我的室友，听她讲她和男友之间的甜蜜互动，看着她如何撒娇脸红写出来的。听别人的故事，用自己的方式讲出来，这就是一种方式。

要设定情绪爆发点

你的故事想给读者传递怎样的情绪？你要通过情节铺垫，运用各种技巧去强化这种情绪，但是这种情绪一定会有一个爆发点，所以你所做的所有铺垫都是为了这个爆发点而服务。你需要在讲故事前就设想好，你要在故事的哪一部分引爆情绪，通过什么样的事件去引爆它。

做好用户分析

总体来说，不管讲什么样的故事，我们一定会有一类主要的受众群。我们需要提前去对这类人进行调查，他们的职业、性格，他们可能会被什么感动，喜欢什么，讨厌什么，会被什么故事吸引。我们要去了解他们的需求，摸清楚他们的软肋，才能触达他们的内心，调动他们的情绪。

让读者代入你的故事

要做到这一点，就要塑造一个和读者有类似经历的人。至于什么样的类似经历，就要看我们在做受众分析时得出的结论了。只有塑造出跟读者有类似经历的人，才会让读者共情和移情。

用表达方式产生共鸣感

写故事时可以从主要读者熟悉的事物出发，

站在读者的角度去表达，替他们说话，说他们平时在生活中不敢说的话。

用细节传递感情

想想你在看一个故事时，往往什么地方最能打动你？我在初中时看过一篇言情小说，现在多年过去了，还记得一个细节描述：男主向暗恋许久的女主打电话告白，他很紧张，刚开始跟女主寒暄说了很多家常话，准备表白时，他专门把手机从左手换到了右手，并不小心咬破了嘴唇。正是这些细节，让我感受到了男主当时的紧张和踌躇。所以我们在写故事时，一定要构思好细节，必要时多花点笔墨重点描写。

表达情绪需要渲染气氛

你跟对象分手，会说分就分吗？肯定不会吧？你肯定是不满积攒到一定程度，实在忍不了了才会分手，这是一个情绪积累的过程。写故事也一样，需要让读者一点点积累自己的情绪，情绪积累得越多，后面的爆发才会越剧烈。我们也可以从细节开始描写。女孩子在处对象时不就爱说一句话吗？——你对细节的不在意毁了我好多温柔……

既然如此，就把这样的细节安排上啊！

四、好故事要做到"三到"

惊到

我们要讲能让读者开眼界的故事，不要去讲那些老生常谈的内容。你可以多听听别人的奇特经历，然后输出能令人惊叹、让人觉得炫酷的新奇内容！

如果你的脑洞和想象力实在有限，也可以让网友帮帮你。什么意思？其实，我以前就在知乎、豆瓣、百度知道提过很多问题，比如你见过最灵异的事件是什么，到时会有大量的网友给你提供灵感素材。

乐到

幽默是任何创作领域的加分项。你可以在故事里预先设计一些包袱和笑点，即使是悲剧故事，也不能让读者一直哭啊。

学到

我们每个人活了那么多年，肯定都会有自己的经验和干货知识，如果你能把这些东西融入你的故事，让读者学到知识、得到启发，对他们的生活和工作起到帮助，那么你所写的就是一个非常有价值的故事。

Chapter Seven

第七章

如何押韵并写出
有韵律感的文章

一、韵律是什么

　　文案的韵律是什么？顾名思义就是"韵"和"律"。我把"韵"理解为押韵的"韵"，而"律"就是规律、旋律。

　　当文案押韵的时候，读起来会更顺畅也更朗朗上口，有点顺口溜、打油诗的意思。仔细想想，以前上学时那些极易背诵的文章，比如"鹅鹅鹅，曲项向天歌，白毛浮绿水，红掌拨清波"，是不是读起来都朗朗上口？并且只要背了一遍，想忘都难，实在是非常魔性！

　　但光是一篇朗朗上口的文案未免有些单薄，所以还需要"律"的加持，你可以把"律"理解成旋律。我们听歌时，一首歌的基调是悲伤还是欢快一下就能听出来，这就是由旋律决定的。文案的"律"和音乐的"律"有异曲同工之妙。如果音乐的"律"是由音调、音符的长短变化决定的，那么文案的"律"就是由句与句之间的长短变化、灵活组合决定的。一篇文章的基调是磅礴大气、柔美文艺还是活泼欢快，读者只需要读几句就能感受到，这就是文案中"律"的魅力。

　　音韵的学问并非三两句就说得清道得明，所以我专门用一章讲讲音韵具体是怎么回事。可这门学问实在太繁复高深了，真的认真钻研的话还得背韵脚，而且古韵和现代人理解的押韵还有很多不同之处。专业学者以音韵为题材能写一系列书。所以，如果我们单单是为了让自己写出有韵律感的小文案、小句子，实在是没有必要花那么大力气钻研，我更没有必要把如何押韵的知识讲得那么详细，毕竟大家平时又不写古诗，就算是要写诗，我接下来讲的押韵知识也足够大家写现代诗了。

因此，我不会完整系统地去讲音韵的知识，只会讲一些现代文的押韵，以满足大家日常写文案和金句的需求。以下是我个人的揣摩和方法，大家可以借鉴参考。

我们先来看一个简单的例子。大家平时都会听歌，应该会注意到，大多数歌词都朗朗上口，非常好记，因为那些歌词都是押了韵的。

歌词：古风歌曲《谈杯》(蔡翊昇演唱，择荇作词)

犀角杯中髓　冻藏关外 (wài)

宜注入芳冽几十载 (zǎi)

雪拥蓝关到轮台 (tái)

夜光杯中血　涂歃唇腮 (sāi)

若笑谈渴饮之敌忾 (kài)

胭脂葡萄　万里蒸埋 (mái)

清风能几筷 (kuài)

流云下酒　当为我浮一大白 (bái)

醉雨泼袍带　就此放浪形骸 (hái)

何须借觥筹 (chóu)

浇这江湖块垒　酩酊卧蓬莱 (lái)

掬水而饮　捧掌作杯　岂不快哉 (zāi)

杜康今安在 (zài)

不如邀月　且共我吸虹饮海 (hǎi)

此间最解忧　纵掷千金难买 (mǎi)

刘伶今安在 (zài)

好个千秋一枕　须臾眠万代 (dài)

无盏无觞　无胜无败　无挂无碍 (ài)

这首古风歌的歌词押韵就押得非常好，结尾的韵脚几乎都押上了同一个韵母"ai"。所谓的韵脚，大家可以简单理解成"每句话最后的字"，比如"夜光杯中血　涂歃唇腮"的"腮"，"若笑谈渴饮之敌忾"的"忾"，只看最后一个字的拼音的话，它们都有同一个韵母"ai"，那我们就认为押上韵了。至于这两句话其他的字是什么，这些字连起来组合成了什么意思，那就要看创作者想要表达的是什么。其他字的选择是自由的，而作为韵脚的字对你来说则是相对自由的，毕竟拥有同一个韵母的字也不少，不是吗？

歌词：流行歌曲《十年》（陈奕迅演唱，林夕作词）

如果那两个字没有颤抖 (dǒu)

我不会发现我难受 (shòu)

怎么说出口 (kǒu)

也不过是分手 (shǒu)

如果对于明天没有要求 (qiú)

牵牵手就像旅游 (yóu)

成千上万个门口 (kǒu)

总有一个人要先走 (zǒu)

怀抱既然不能逗留 (liú)

何不在离开的时候 (hòu)

一边享受，一边泪流 (liú)

十年之前 (qián)

我不认识你，你不属于我 (wǒ)

我们还是一样 (yàng)

陪在一个陌生人左右 (yòu)

走过渐渐熟悉的街头 (tóu)

十年之后 (hòu)

我们是朋友，还可以问候 (hòu)

只是那种温柔 (róu)

再也找不到拥抱的理由 (yóu)

情人最后难免沦为朋友 (yǒu)

怀抱既然不能逗留 (liú)

何不在离开的时候 (hòu)

一边享受，一边泪流 (liú)

可以看出，这首歌的歌词，韵脚基本都是"ou"和"iu"这两个韵。你可能会说：按照你的说法，这首歌就没有押韵，为什么读起来还是朗朗上口呢？仔细看，"ou"和"iu"后半部分是不是长一样？再读读这两个音，是不是感觉也很像？其实是因为它们的韵部相同，不过，我并不打算向大家介绍有关韵部的知识，没有必要。我可以给你讲一个特别简单的方法，当然这个方法就像我们以前做英语试卷遇到不会的选择题就"三短一长选一长，三长一短选一短"一样，虽然不科学，但是有用。你看：an/ian/uan/üan 这些韵母，它们不仅读起来像，而且长得也很像，而且最后那两个字母是一样的！所以你懂了没？你只需要从发音和长相上来判断它们就行了，只要你觉得像，只要那个字的拼音的韵母部分是差不多的，就都可以用来押韵。比如：

a / ia / ua
o / uo
ie / üe
ei / ui

ai / uai
ou / iu
ao / iao
an / ian / uan / üan
en / in / un / ün
ang / iang / uang
eng / ing / ueng
ong / iong

　　你只要记住，有些时候我们押韵也不必那么死板，非让韵脚的韵母一模一样，如果你发现有些韵虽然不同，但是读起来却很相似，那你也可以用。我们押韵的目的不就是让文案顺口吗？为什么要有那么多的讲究？写出一篇好文案本身就比较难，倘若为了押上韵而曲解自己本来的意思，那就本末倒置了。

　　我希望大家能够轻轻松松地掌握这个章节的内容，不要太忐忑、太严肃。我可不希望你学了押韵之后反而把自己的创作思路给框死了，押韵是锦上添花，最重要的还是文案的内容本身。

二、如何练习押韵

　　起初，想写出好的押韵文案是很困难的，不是因为你不会押韵、不懂押韵，而是你真正写的时候发现自己找不到合适的字去押！

　　你一定会有这样的感觉。

　　我的意思用文字表达出来就是不押韵，怎

办啊?

不如我选前半句话最后那个字来押韵吧,只要后半句找和前半句一样韵母的韵脚不就行了?诶,这个韵母的字有哪些来着?

对不起,请允许我先笑三秒,因为我脑子里已经有你急得抓脑壳的画面了。我送你两个字——莫慌!

你的思路完全没有问题,但你有没有发现自己卡在了哪一步?

就是你不知道怎么找可以押韵的字!

按照以前的规矩,可能这时就需要翻韵书来找灵感了。但是现在,让我们感谢互联网吧,你可以上网查!

你可以去网上搜押韵网站,选一个自己喜欢的点进去,在搜索栏输入你上一句的韵脚,网站就会给你提供可以押韵的汉字,此时你就可以尽情创作了。

在这里,我可以给大家推荐几个网站。

押韵助手:适合写现代诗歌、文章时运用

押韵精灵：适合写歌词、古诗词的时候运用

完美韵脚：适合创作抑扬顿挫的文章时找符合平仄关系的字或词

这些网站工具用起来也十分简单。比如，你上半句写"我将玫瑰藏于身后"，想让下半句押上韵，要怎么办呢？上半句的最后一个字是"后"，那么就去网站的搜索框输入这个字，点击搜索：

　　你看，所有可以跟"后"押韵的字就出来了。你只需要一个个地想：要把这个字组成什么样的词语作为韵脚，才能不违背我想表达的意思呢？或许你会在这个过程中卡壳半小时，但是莫慌！这正是学习的过程。你经常写经常练，以后就会越来越快，直到最后连押韵网站都不需要了，因为这些内容你已经熟记于心，信手拈来。

　　我将玫瑰藏于身后，不敢前进一步，只能退后成为朋友。

　　我将玫瑰藏于身后，庆幸你未曾回眸，留我深藏宇宙。

　　我将玫瑰藏于身后，笑祝你一世无忧。

　　你看，根据这些字去关联我们想要表达的意思，然后重新组织语言，其实存在很大的创作空间。

　　我给大家列举几个以押韵著称的博主的文案供大家揣摩，相信大家一定能找到不少灵感。

　　这是昨天落银杏的北京城，

这是醉琼芳的紫禁城，

白雪镶了红墙，柿子还挂在树上。

也没什么好遗憾的。

此生未能共白头，不过是差了同淋雪一场。

（抖音博主：@ 房琪 KiKi）

它是《三生三世》里九尾狐族栖息的青丘，白浅上神在此地停留；

它是《枕上书》中东华帝君的碧海苍灵，佛灵花下是衣袂翩翩的白凤九。

这里是普者黑，用它的仙侠世界，记录皓齿星眸。

普者黑不止有"天上"，更有"人间"。

拉开窗帘看人间的每一个早晨，都有新的惊喜：坐看油画般的窗，化一个淡淡的妆；在热气球上，等一场云雾蒸腾；去西荒湿地，看水墨画般的日落开场。

普者黑的风啊，可以把云朵吹成很多形状，唯有笑容不变样。

（抖音博主：@ 房琪 KiKi）

一只小猫蹲守在路边，我想买个面包告诉他相逢即是缘。

往前又遇见另一只，一身洁白地守着蛋糕店，他有面包腰缠万贯，他只能揣着自由说千金不换。

我买了面包，掰开喂给他，如遇知音的他跟我讲了好多话。

得爱者，难免草木皆兵；孤勇者，总是动如雷霆。

他好像只能继续他的旅途。

我没有受过连年的风雪凄苦，又怎么会，看得懂他的江湖？

（抖音博主：@ 邱奇遇）

当莲叶在淤泥里种出一个夏天，我妈想用荷叶给我做顿饭。

人生苦短，她愿我尽兴地玩儿。

所以她夺了我手中的茧，还赠了我整个童年的蝉；想要把握好这两分的盐，可要尝遍生活的清苦与平淡。

想必人间会如此爱我，是看了妈妈的三分薄面，万般勤勉。

她会加一味我爱的辣酱，用荷叶细心地围好一座高墙。

她的爱，是我生命里种下的一道誓言，沧海桑田，亘古不变。

（抖音博主：@ 邱奇遇）

好了，我想押韵讲到这里就差不多了。接下来，让我们继续聊聊文案的"律"。

三、文案的"律"

怎么才能让我们的文案"有旋律"呢？为什么要让文案有旋律呢？

相信大家应该经常听歌，如果我让你去读那些歌词，你肯定会不知不觉读得特别有节奏，甚至直接唱出来。

不要以为这是歌曲影响了你。实际上，就算你没有听过这首歌，在读词的时候还是会不知不觉形成一个旋律，那是因为歌词本身就具备"旋律感"。

你会发现有些句子读起来就是朗朗上口，有些句子读起来却诘屈聱牙。

有些句子排比起来气势磅礴，有些句子组合起来又显得悠然自得。

这就是有"旋律感"的文案和"没旋律感"的文案之间的区别，孰好孰坏自然不用我来多说。你写一篇节奏感强、旋律明显的文案会让人更愿意读下去。注意，是"读"下去。

不要以为你写的文案不需要人去朗读，你就可以不用顾忌什么旋律节奏了。

你在看我这本书的时候，是不是感觉脑子里有一个声音在读我写的内容？

所以，并非要朗读出声才叫读。阅读阅读，因为真的会有个声音在你脑袋里读，只不过没发出来而已，而任何有声音的东西，只要加上旋律节奏，都更容易接受！

单句文案的律

问题来了。

怎么才能让文案有"律"？在开始讲之前，我先告诉你接下来的内容主题，毕竟也犯不着故弄玄虚。

句子的旋律由平仄决定，整篇文案的节奏由句子的长短决定，二者合称：文案的"律"。

我放出这句话后，你应该猜到接下来的内容我计划怎么讲了。先讲句子的旋律，也就是平仄。

平仄

给大家简单介绍一下何为平仄。平仄是汉字的声调，"平"指平直，"仄"指曲折。在古汉语中有四种声调，称为平、上、去、入。除了平声，其余三种声调都有高低的变化，故统称为仄声。

但这四声又和现代的四声不同。那么两者到底有何不同呢？

古代的平声（平）演变了现在的一声（阴平）和二声（阳平）。

古代的上声（仄）里的一部分演变成了现在的三声（仄），一部分演变成了四声（仄）。

古代的去声（仄）演变成了现在的四声（仄）。

古代的入声（仄），其演变则复杂许多，变成一二三四声的都有。

好了，现在我们知道了平声只有可能是一声和二声，而仄声则是一二三四声都有，但大多是三四声。不过我们现在写文案就不用讲究那么多了，直接把我们现在的一声和二声当作平声，三声和四声当作仄声就行了。

我们平时写文案，不用特意去把控制音调，但可以特别注意平仄。

你只要弄懂什么是平仄，平时写作时留个心眼，特意写一些有规律的平仄变化，那么你的一句话就有了起伏。别人看你的句子也好，读你的句子也好，都会有抑扬顿挫的感觉。哪怕是简单的一句话文案，也会变得更有动态，不至于让人感觉就是干巴巴的文字。

跟你说一个很简单的区别平仄的方法，听上去可能有点玄乎，但你慢慢感受，用久了你就会发现不一样了。那些你读起来觉得有拖音，发音结束得很慢的，一般就是平声；那些你觉得结束得很仓促，读起来音调感觉还带拐弯儿的一般就是仄声。

比如我以 di 为例：低 (dī)，读起来就拖沓，发音也是缓慢结束的，它就是平声。帝 (dì)，读起来有一种仓促结束的感觉，它就是仄声。

这很好感受吧？你就按我说的区分方法，特意编排一些有规律的平仄变化，把一个句子写得抑扬顿挫一点就行了。说得有意思一点，这个时候就考验你的"编曲"功底了，看你编出来的句子旋律好不好听。这样练习的时间久了，你写句子时就会不自觉地调整它的平仄，以适配更好的旋律感，这就是大家常说的语感了。

文章的律

大家都去 KTV 唱过歌吧？还记得唱 K 时有一个"挑战模式"吗？

它会让你照着音乐的调和节拍去唱，其中你合上的节拍越多越准确，你的得分就越高。而表示节拍的往往是长短不一的蓝白色线条，对不对？

一整篇文章是由什么组成的？不就是句子吗？

那些句子往往也是长短不一的，对不对？

好，现在是不是找到它们之间的共通性了？

把文章里那些句子理解成音乐节拍里长短不一的线，线的长短由句子的长短决定。

句子的不同长短组合就会让文章产生不同的"律"。

那些整齐划一的排比，句子长短一致，并排相接，营造出的效果就像是军训时大家一起踢正步，一起鼓掌，自然就会显得更有气势、更磅礴一些。

比如王勃的《滕王阁序》：

豫章故郡，洪都新府。星分翼轸，地接衡庐。襟三江而带五湖，控蛮荆而引瓯越。物华天宝，龙光射牛斗之墟；人杰地灵，徐孺下陈蕃之榻。雄州雾列，俊采星驰。

可以看出，它的句子长短就很整齐，虽然只是描述滕王阁的地势，但你能从这段文字里了解滕王阁有俯瞰山河的壮丽宏大，还能感受到它大气磅礴的历史底蕴，以这样的"律"开场，就一个词——大气。

同样还是《滕王阁序》：

关山难越，谁悲失路之人；萍水相逢，尽是他乡之客。怀帝阍而不见，奉宣室以何年？

这段文字在句子编排上也很整齐，是标准的排比。

你可以很快发现这段文字里句子的长短规律。这有何作用呢？为何它的后半句会比前半句更长？

让我们先来想想王勃在写下这段话时是怎样的情绪。

他激动，是因心怀天下而激动。

他慨叹，是慨叹自己时运不济、命运多舛。

最重要的是，他想表达自己请缨报国的情怀和勇往直前的决心。

文章是什么？无非就是把心里话用笔说出来。

换作是你，会如何去表达自己心里的苦闷和豪情？

先对着苍天喊一个短句：老天爷你不公啊！

再尽可能快速地去说一个长句，告诉苍天，他怎么不公了：我这么有才华有抱负，我想为国家抛头颅洒热血，你不给我机会。你不让我长帅点就算了，还让我受穷；受穷就算了，还要让我单身！（后面我加的，别当真。）

现在是不是能理解王勃在写这个句子的时候，为什么要保持前半句短、后半句长了吧？

当然你也有可能说：哟，你这作者这么讲究呢？王勃写这篇《滕王阁序》的时候怕都没你想得多吧？

但你不行，你得讲究。

对于缺少那么一点天分的普通人（就是我们）来说，必须得把这些东西研究清楚了。

把句子编排得又长又整齐，会让文章显得大气、豪迈、壮丽，就像是有男儿气。

那么如果又短又散乱呢？短而散的句子编排就像是许多玻璃弹珠落到地上，会让文章显得或欢快活泼，或柔美雅致，总之就是极易带女儿气。譬如简媜在《夏之绝句》写道：

夏乃声音的季节，有雨打，有雷响，蛙声、鸟鸣及蝉唱。蝉声足以代表夏，故夏天像一首绝句。而每年每年，蝉声依旧，依旧像一首绝句，平平仄仄平。

这一段给人的"律"感温和静美，即，女儿气。

那么你想让自己的文章给人什么样的感觉呢？是男儿的大气多一些，还是女儿的静美多一些？你

241

倒也不必着急考虑，因为我这样一说，你可能觉得文章的"律"就只有这两种调子了。其实不是的，所谓长而整齐的男儿气和短而散的女儿气，只是两种调制文律的方式而已。你的文章可以两种一起用，把它们杂糅在一起，不同比例、不同的调制方法，会出来不同的文律。

这就像我们炒菜一样。你炒一道菜会放荤肉，也会放蔬菜，两者放的比例和种类不一样就炒出不同口味的菜。当然了，你也可以炒一盘只有肉的菜，也可以炒一盘只有蔬菜的菜。这一切全凭你的爱好，而你调制的爱好，最终就形成了大家所谓的"文风"。

那一般有哪些好的调制方式呢？炒菜还有好配方呢，那么文律有没有好的调制配方呢？

还真有，我总结了一些供你参考。

这个方法比排比用起来更有灵气，我将它称为"整散大杂烩"。

大杂烩好理解，就是把一些东西全部放在一起。那整、散是什么意思呢？

一个整句。

一堆散句。

整和散都是相对而言的，那何为整，何为散呢？不得不再举一个例子了。

整句

我喜欢吃土豆，我今天吃土豆，最好明天也吃土豆，每天都能吃土豆。

散句

今天吃的土豆，因为我喜欢吃土豆，我希望明天最好也有土豆吃，当然假如每天我都能吃一堆土豆，那就太好了。

现在发现整句和散句的区别了吗？整句的句式、字数长短往往是差不多的，看起来更整齐一点；散句的句式往往不一样，字数长短往往也不一样，看起来更凌乱一点。你看，我写的例句里，两句话的意思其实是一样的，看起来却风格迥异，这就是区别。

我再写一个例子：

青年人，迷茫于当下不安于现状但却拥有最炙热的梦想，我以为，这可歌；

中年人，丧失了热血扎根于现实但却承担最坚厚的责任，我以为，这可赞。

你看，这两句话，只看单句，我们可以认为，它是个散句。但把这两句组合起来看，你会发现它们整体的句式一模一样。所以，从更宏观一些的角度看这两段散句的组合，就是整句的句式。

这就是"整散大杂烩"。当然了，你可能会说：这不就是排比吗？不是的朋友，排比一般会有重复的词组，并且要求有三个或三个以上并列的句子。"整散大杂烩"不一样，你可以把任何句式散乱地组合在一起，又把它们汇总为一个属于你的句式，再重复这个句式，让它化为整句，并且只要求重复两句就可以了。

这样的组合比排比更灵活，却没有丢失排比的气势。所以我以为这是一个非常好的文律调制配方。

之后，你可以自行发挥，调制属于你自己的文

243

律。毕竟现在你已经完全了解什么是文章的"律"了，接下来就可以写你的文案了。

至此，这一章就结束了。你看明白了吗？看明白了就回答两个问题，做个自我检测：

怎么押韵？

什么是"律"？

Chapter Eight

第八章

二十一种创作金句的技巧

现在不知道有多少金句名言在互联网上传播，其中有很大一部分句子我们都不知道出处和作者。倘若你特别喜欢一句话，你可能就会去网上搜索出处。如此，一句话便能带出一篇文章和一名作者。

一个强有力的金句扔出去，威力堪比核弹，其辐射速度和能力超出你的想象。

如何创作金句？说来也不算难，因为所有的金句无非由两样东西组成：一点智慧＋一点套路。智慧这一块请恕我无能为力，但阿鱼有千层套路，可以帮你把你的智慧表达出来。

下面，我会给你讲我总结的金句创作套路，每种套路我都会有例句，如果你觉得我的例句不好，没关系，我相信你能用我总结的套路写出更好的金句，我很期待并乐意被打脸。

一、双词打架

生活最佳的状态是冷冷清清的风风火火。

——木心

这句话是木心说的，你读完之后是不是觉得还不错呢？但要是把后半句去掉呢？是不是平平无奇了？这句话的亮点就在后半句——冷冷清清的风风火火。两个含义相反的词语用在一起，这种精妙的冲突一下子就构建出了一种通透的哲学意味。

世界上有很多事物我们没办法给它们下定义，比如木心这句话里的"生活"。你能说清楚生活到底是什么吗？你我都不行，因为它没有明确的定义。

此刻你偏要解释它，并且用两个互相矛盾的词去解释它，通透感一下就出来了。没人敢说你说得不对，因为你好坏都沾了，至于具体怎么理解，就让读者自行理解去吧。

我们怎么能创作出这样的句子呢？

【无法解释的复杂事物＋描述词＋含义相反的描述词】

备注：无法解释的复杂事物多半是指成长、生活、爱情、命运、孤独、生命、友谊、奋斗这类抽象事物。描述词包括但不限于形容词。

阿鱼的例子

恋人之间的相处不就是小心翼翼地张牙舞爪吗？

少年变老后是什么样呢？尚未失去傲骨，仍然昂首挺胸地追梦；意气早已消磨，不得不为现实弯腰；昂首挺胸地点头哈腰，这就是少年老去的生活。

创作的难度就在于，它总是要求人要规规矩矩地疯疯癫癫。

暗恋的味道很奇妙，生吃柠檬，猛灌蜜糖。

二、小兵在前，大炮在后，营造跨越感

我吃得下一个超市、一群牲口、吃得下一群梦想和野心。

——【美】海明威

这种金句的点睛之笔仍然是在后半句，请注意，后面讲的金句创作套路，点睛之笔基本也都在后半句。这不是因为我的套路太过于固定，而是只有这样才能惊艳到读者，要先放砖瓦在前，才能衬托出后面的金玉。不信你去找，几乎你能找到的所有金句的重点都在后面。

这个金句的重点在哪里？其实意思本来很简单——我吃得下我所有的梦想和野心，可是你这样直白地说出来就普通了。你要在前面放两个小兵，把你真正的意识大炮放在最后，把读者炸个措手不及。所以它先说的是，我吃得下一个超市、一群牲口。这两个现实意象的排列也是有顺序的，一个超市小于一群牲口，而最后的野心和梦想又绝对大于一群牲口，体现你最后放出的意识大炮和前面列举的意象事物之间的巨大差距，先形成惯性，再来一个大跨越，把句子拉到完全不同的另一个高度。如此，这个句子就会有奇妙的层次跨越感了。怎么把这些完全不同的事物组合起来呢？一定要用一个适合用在你列举的所有事物上的动词，比如这句话里用的就是"吃"。

【动词＋低阶事物 1＋更大的低阶事物 2＋高阶意识】

备注：动词务必适用于你列举的所有事物，不能随便用。

阿鱼的例子

我发现现在的教育总是热衷于教我们写汉字、英文、数字，却很少教我们如何写出一个大写的人。

249

多年来，母亲的这张嘴，咽下了解渴的开水、滋补的汤水，自然也咽下了生活的苦水。

8 岁时我追过车，18 岁时我追过人，而我现在 28 岁了，我想追追梦。

既然我们会花时间整理书桌、整理房间，那为什么不能花点时间来整理心情呢？

三、大炮在前，小兵在后，营造落差感

有谁来自山川湖海，却围于昼夜、厨房与爱。
——歌曲《揪心的玩笑与漫长的白日梦》（姬赓作词）

很明显，这个创作方法正好跟上一个相反。如果说上一个创作方法是小兵在前，大炮在后，一下子把句子的意境拉高，形成巧妙的跨越感，这个就是大炮在前，小兵在后，一下就让句子的意境降低到你意想不到的地步，从而形成落差感。这种强烈的落差感会让人有一种做梦梦到掉下悬崖，一下子惊醒的感觉。这种突然清醒会让读者不自觉地思考，当读者开始思考时，他们会在无形中拔高你的句子在他们心目中的地位。我们在用这个方法的时候就没有上一个方法的限制了。动词，你随便用，合适就行。

【大格局的意象 + 小格局的意象】
备注：大和小看你的意象含义，比如"山川湖海"在含义上来说，其格局就比"昼夜、厨房与爱"要大得多。

阿鱼的例子

小孩子眼里的光总是很亮，因为想的是长大后要成为什么样的人。成年后眼里的光就弱了，因为想的是明天要怎样活。

我原以为获得快乐肯定要有足够的成功和金钱，再不济也要有一张赏心悦目的脸蛋儿，结果只需要夏天的一个冰镇西瓜就行了呀。

经过努力，我熬过寒窗苦读，挺过昼夜加班，上台能高谈阔论，下台能豪饮千杯，最后终于成了一个既不健康又不优秀的普通人。

你总说你追求的是诗和远方，可你连阳台上的一盆草都照顾不好。

本来可以肯定地告诉你我的目标是 30 岁前环游世界的，不过刚才看了看银行卡余额，现在我的目标是吃泡面能加根火腿肠。

四、拟人：以喜衬丧

星星应该哈哈大笑，反正宇宙是个偏僻的地方。

—— 【苏】帕斯捷尔纳克

很明显，这是一种拟人的手法。重点在于它给本应不带感情的死物安上了极强的情绪，这种情绪一定是快乐的。比如这句话里作者用到的词就是"大笑"，似乎是很极致的快乐，对吧？但后半句马上给了一个反转，从另一个角度去解释这个死物为什么可以有这么强烈而快乐的情绪——反正宇宙是个偏僻的地方。

就像你跟着所有人一起哈哈大笑，笑得合不拢嘴，突然有人从头顶给你泼了一盆冷水，你瞬间清醒，再也笑不起来，但周围的人还是疯狂地笑着。那一刻，你极度清醒又极度孤独。

这样的句子，要义就在这里，就是要给读者泼上这么一盆冷水。

这是不好受的情绪，但许多人都爱这种自虐的感觉，所以他们爱这样的句子。

【死物＋用拟人营造出极其快乐的情绪＋回到现实的极其丧气的另类角度诠释】

备注：难点不在于我们找到的死物是什么，也不在于我们到底想营造什么样的情绪，难点在于，我们如何找到那个能给读者泼下冷水的另类角度。

阿鱼的例子

这罐可乐的气泡很兴奋，它们在讨论要先炸掉我的哪个味蕾，我听见了，静置，气泡死光了，我的味蕾安全了，快乐，却死了。

月亮爱跳华尔兹。独舞。

知道泪水为什么是咸的吗？那是因为我们的脑袋里都装了个粗心的厨娘，她喜欢炖汤，每次我们泪水溢出来都是她把汤炖太满了，尤其是今天，它应该一气之下把一整锅全倒了……

五、拟人：喜不挽悲

与岁月对望，所有人都老了，再没人死于心碎。

——高晓松

没错，又是拟人，不过希望你这次把它牢记在心，因为这种方法会经常用到。上面那种方法是以喜衬丧，在人笑的时候给人泼冷水，这个方法就有几分作对的意思了。你本身很悲，我让你试着挽救一下，可最终还是挽救不回来。就像电视剧里，你的爱人掉下了悬崖，你抓住了她的手，可终究还是没能把她救起来。你难受不？

难受就对了，我就是奔着让你难受去的，不让你难受你怎么记得住我呢？

【死物＋拟人化之后产生一个强烈悲伤的现象＋另一个角度的轻度快乐现象】

备注：难点还是你要找到另一个角度。还有一个重点，快乐的现象所带来的情绪强度要小于悲伤现象所带来的情绪强度。

阿鱼的例子

我的理想死了，我还安全地活着。

青春期的心事早就湮灭了，青春痘却还没走。

连手机都跟我作对，照片怎么也删不掉，一删就死机！但幸好没删成功，不然我连你唯一的照片也没了。

六、“最”的答案

其实，这世上最催泪的情书，是聊天记录。

——歌曲《解脱》网易云热评

这个创作方式其实不怎么需要技巧，需要的是创作者的智慧。在句子的最前面先写下一个最XXX的事物，后半句给出一个跟上半句所提到的事物完全属于不同类别的事物作为答案，这样就会给人一种出其不意又很妙的感觉。这个答案并不那么好找，这种创作重要的是在上半句里所提到的事物，跟答案一定要有某种关联性，而这种关联性又是普通人在日常生活中没有注意到的。比如《解脱》里面的情书和聊天记录，它们的关联性就在于，都是情侣交流的工具。

【最××的事物 A+ 答案（与 A 属于不同类别的事物 B）】

备注：事物 A 和事物 B 虽然属于完全不同的领域，但一定要具备某种一般人难以察觉的关联性。

阿鱼的例子

最难跨越的山，是成见。

有时候，最高的蔑视，唯有沉默。

进入职场后才知道，最让人委屈的话不是诬陷，是"都不容易，忍一忍就过去了"。

世界上最高级的浪漫从来都不是风花雪月海誓山盟，而是愿意付出一切在余生所有柴米油盐的琐碎日子里守护心爱之人的天真。

七、玩字

孤独这两个字拆开来看，有孩童，有瓜果，

有小犬，有蚊蝇，足以撑起一个盛夏傍晚间的巷子口，人情味十足。稚儿擎瓜柳棚下，细犬逐蝶窄巷中，人间繁华多笑语，惟我空余两鬓风。孩童水果猫狗飞蝇当然热闹，可都和你无关，这就叫孤独。

——林语堂

汉语中有很多形声字，而我们的文学创作就是借"字"发挥。你看，例句中，林语堂把"孤独"两个字拆开来看，加上了自己的解读。

在玩字这一块，我们有很多种玩法。你可以拆开看，也可以找一个角度看整体，给出一个全新的诠释。比如你看"成长"这两个字，都没有偏旁吧？所以我们可以把这个原因说成：成长本就无依无靠，不然你看，"成长"这两个字连个偏旁都没有。再说拆开看，林语堂是把字拆开后描述一种意象，我们也可以。比如"蠢"字，可以说：爱情这个东西一个词就可以概括了，两只虫子在春天蠢蠢欲动。

【选定一个或一个以上的字＋把字拆成多个部分（成为多个字）＋将拆完的字组合成意象】

备注：重点在于你最后描述出来的意象够不够好。玩字其实很考验文学功底，一般人玩不来。如果想精进这方面的能力，建议平时可以多看看《咬文嚼字》《文心》。

阿鱼的例子
终于明白长大是什么了。"人"的肩上有了重担，

255

不得不挑起生活的担子，就"大"了。

你看"自由"这两个字，就算被条条框框压得那么严实，还是想着冲出去。

"观"是一个浪漫的字，因为它写着"又见"。

八、"放洋屁"

为什么 work 永远做不完？因为它是个不可数名词。

——佚名

我们可以从一个新的角度诠释英文单词，说白了就是用英文抖机灵。这个方法很好用，不过需要你对英语这门语言十分熟悉。每次我说这样的句子时，我姐姐总说我在"放洋屁"，所以我就把这种技巧取名为"放洋屁"。具体应该怎么操作呢？一般会有三种方法：（1）从单词属性等方面来说，比如，可数名词、不可数名词、动词、形容词；（2）把单词拆开，就像是拆中文一样；（3）可以玩单词的谐音哏。

【选定一个英文单词＋从新的角度抖机灵】

备注：每次都说要从新的角度，但正是这个新的角度比较难想。这实在是没有办法，我们只能多收集多看，这样以后就有思路了。

阿鱼的例子

男人，爱你时，条条信息都带 honey；不爱你时，信息不回借口 hurry。

其实见到很久不见的人，也不用非得说好久不见，简单地说声 Hi 就包含了所有：Healing Imagination。

终于知道 family 为什么是 family 了，因为 father and mother I love you。

女孩子不开心就该买买买、吃吃吃，因为 buy 加 eat 等于 beauty。

九、同一动词，相反用法

这一生，总有一个人，老是跟你过不去，你却很想跟他过下去。

——张小娴

有点打架的意思。我们用同一个字为基础组合成两个意思完全相反的词组，再把这两个词组放在同一个句子里关联起来，这是一种非常有意思的创作方法，本身就充满了矛盾的哲学。所以，用这种方法创作出来的句子，总会给人一种高深莫测的感觉。不过想让两个性格相反的人在一起，也需要我们去创造能够让他们相处的环境。用这个方法创作句子也是同样的道理，想让两个矛盾的词组在一句话里融洽相处，我们也要先创造一个合适的语境才行。这个语境，往往是能够让两者在一定程度上关联起来的，至少逻辑上是不违和的。

【选定动词 + 创作一组矛盾词 + 创造能让矛盾词兼容的语境】

备注：创造出的语境一般把它放在句子的最前

257

面比较好，不过有些时候，整个语境是融入句子的，就没有必要单独把语境放在前面了。

阿鱼的例子

那个总让你分心的人，就是你未来那个不想分开的人。

最舒适的友情，就是你不说话，我也不必没话找话，永远不会尴尬。

十、同尾词

人生没有如果，只有结果和后果。

———马银文

几个在含义上毫无关联的词语，但是共同之处在于最后一个字是一样的。这个时候只要创造合适的语境，把这几个看似毫无关联的词给关联起来，一个充满哲学意味的句子就出来了，这个方法很简单，建议你马上试试。

【两个或更多的同尾词 + 能关联所有词的语境】

备注：你可能觉得找到能够关联同尾词的语境很难，其实很简单，一般就是找人生、爱情、友情、成长之类的，随便套用就可以了。稍微难一点的地方在于找到几组不错的同尾词，这跟我所讲的其他方法相比，算是简单的了。另外，给你说一个很好的办法，其实你可以去网上直接搜"以 × 字结尾的词"，有一个网站叫"在线汉语词典"，可以实现这个功能，非常好用。

阿鱼的例子

爱情允许存在小脾气，但不能允许怨气和意气，更不能有阴阳怪气。

有那么些人，为了名声，忽视民声；听见风声，交口同声；最终，陷入骂声。

别相信任何誓言，刚开始都是掷地有声，结尾多是寂然无声。

想许个心愿，祝愿我的一厢情愿，最终得偿所愿。

不管你有什么优势，把握不住实势，就别想干过趋势。

讨论提高能力，争论折损智力。

十一、同首词

人生有三大美事：美人、美酒、美钞，不过它们目前只存在于我的美梦中。

——阿鱼

和上一个方法差不多，差别就在于刚才的方法用的是尾部一样的词，这次用的是首部一样的词。难度同样在找词里，即使你文学修养再高，真到用的时候还是会脑袋空空，想半天也想不到几个合适的词语。你同样可以去网上查"以 × 字开头的词"，到时候你随便挑几个用就好了。

备注：其实用同首字比用同尾字更简单一点，但用的时候，我还是建议至少用三个以上。

阿鱼的例子

别问美人从何而来：懂点美学，渴望美貌，有双美手，擅长美颜。

"你真美。"

"哎呀，那是美颜啦。"

"您别误会。"

"嗯？"

"我只是随便美言两句，您别当真。"

其实修炼气质也不难，一分气节，二分气度，三分气魄，足矣。

十二、无法具体表达的情感就列举小事

当我拥有你时，无论是在百货公司买领带，还是在厨房收拾一尾鱼，我都觉得幸福。

——【日】川端康成

很多感情是无法准确表达的，但我们可以通过事情传递。为什么一定要选择那些稀松平常的小事呢？正是因为那些小事太普通了，普通到每个人都做过，所以别人才能感受到你的感受。所谓的感同身受不就是这么一回事吗？这件事你经历过，我也经历过，所以你跟我说起来，我才会理解你。用普通的小事解释独特的大事所带来的情感，这是一种技巧。

【无法描述感情的大事 + 一件以上的日常小事 + 简短的情感描述】

备注：列举的小事一定是那种几乎人人都有过的经历，不然就很难让别人感受到你想传递的东西。尤其要记住，最后的情感描述一定要简短一点，形容词不能太多，因为冗余感会打破句子本身的美感。

阿鱼的例子

一瞬间长大是什么体验？一个人在暴雨中撑伞前行，风却直接把伞从手里吹走了，落到地上恰好被人踩坏了，于是你把步子放缓，淋雨前行，那一瞬不得不放下并继续前行的无助和释然，就是长大。

在商场选笔的时候总是会仔细评估款式、颜色和价格，真正要用的时候，其实只要能出墨就可以了，这就是我们在真实生活中对梦想的态度。

十三、拟人：宏大的事物做人所做的事

今天早晨，我坐在窗口，世界像一个过客，在窗口暂停片刻，朝我点点头就走了。

—— 【印】泰戈尔

有些心情我们自己也说不准，也不知道它具体是什么样的情绪，甚至不知道它属于悲伤还是快乐。

如果你有这样的时刻，就可以用这样的创作方式。泰戈尔在这里就是一种很典型的、反客为主的表达，他说世界像一个过客，朝他点了点头就走了。他表达的真实含义是，每个人都是世界的过客。但如果我直接这样说，是不是感觉意境一下就没了？所以说，创作金句，智慧和技巧缺一不可，你有"每个人都是世界的过客"这样一种顿悟的智慧，如果把它表达得很普通，岂不是太可惜了？

【想好你要传递的智慧＋选取一个宏大的事物把它作为拟人体＋安排它做一件普通的人会做的事】

备注：宏大的事物一般是指生活、爱情、幸福、世界、命运、夕阳等等。

阿鱼的例子

云朵偷喝了我屋顶的酒，今早起来天空一片绯红。

昨天我跟落日告白了，结果他今早没出来，应该是怕热到我吧，真懂疼人。

本来我是在好好生活好好工作的，生活突然找我拼命，我挨了一记重拳，现在躺在床上。

青春挺过分的，联合自卑和敏感一起欺负我，幸好我赢了，不过留了个疤，时不时痒一下。

今天下午，我在海边的一个露天咖啡厅点了一杯澳洲奶白，我看见我的梦想落魄成了乞儿，他在每个人面前都停留了，除了我。

刚才我在一个招聘市场看到有人在招"人类生活规划官"，长长的队伍排的都是劈柴喂马的莽夫，唯有一个文质彬彬的绅士，面试官却判他不合格。

十四、形容词：把心扒给你看

明确的爱，直接的厌恶，真诚的喜欢。站在太阳下的坦荡，大声无愧地称赞自己。

——黄永玉

　　之前我们讲的方法都太委婉了，总是拐弯抹角地说话。然而总是这样，也会腻的，所以这时候，如果你赤裸裸、张扬地直接表达你内心的感受，反而会让读者心动。所以现在，忘掉我之前告诉你的那些技巧吧，用最粗犷直接的形容词，形容你的感受。不过，需要注意的是，我们要直接的时候就特别直接，所以在语气方面也应该是特别直接。一般来说类似祈使命令、肯定的语气，并会使用很多绝对化的词语，比如绝对、任何、只有……

【三个或更多的形容词组+肯定语气+事物】
备注：这样的句子，一般积极向上的比较好。

阿鱼的例子
请成为永远不羁、永远张狂的火焰。
不要浪费你的任何精力，明确表达你的好恶和喜欢，不用顾忌任何人的心情，我们的承诺有限、精力有限，大胆拒绝讨厌鬼，认真答应心上人。
我要的是棋逢对手的爱情和绝对真心的忠诚。
我要所有眼神为我发光，所有掌声为我而响，全世界的鲜花为我绽放。

用绝对性的努力和压倒性的胜利去换取肆无忌惮的快乐和不可抑制的满足。

十五、难度极高：人生总结

所有的大人都曾是小孩，虽然只有少数人记得。

——【法】圣埃克苏佩里

只有两种人最具有吸引力，一种是无所不知的人，一种是一无所知的人。

——【英】王尔德

老年人相信一切，中年人怀疑一切，青年人什么都懂。

——【英】王尔德

每个人生来都是君王，但大多数在流亡中死去。

——【英】王尔德

可以看到，这个创作方式没有固定的章法，如果非要找到它们的共通之处，就是它们都用的是上帝式的真理表达。毋庸置疑，就是那种感觉，不过很明显，这种语气很好把控，难的是我们找不到真理来说。所以在这里，我想跟你分享如何找到那些真理。

第一种方法：选定一件事，看看不同类别的人做这件事有什么差别，然后总结出规律；

第二种方法：选定一类人，看看这类人在不同时期分别喜欢干什么事，然后总结规律；

第三种方法：选定一类人，看看这类人在干不同但相似的事情方面有什么区别，然后总结规律；

第四种方法：选定一类人，看看这类人在不同时刻做同一件事时会有什么区别，然后总结规律。

【上帝式的真理表达＋你发现的规律】

备注：动笔之前先想想你找到的规律是不是具有普适性。

阿鱼的例子

奇怪，衣架总是在晾衣服的时候才觉得少。

小时候：妈妈我要；长大后：妈妈我想；老年后：妈妈你好。

小时候的自豪瞬间：我的衣服很贵要 300 块！我的姐妹们：哇！好厉害！

长大后的自豪瞬间：我的衣服只要 9.9 元！我的姐妹们：哇！好厉害！给下链接。

皮肤的变化已经概括了人的一生：刚出生时，皱巴巴。将入土时，皱巴巴。无限循环，周而复始。

能难倒所有聪明人的题，往往出自笨蛋。

朋友中的恋爱专家往往没谈过恋爱。

十六、经典名句：质疑

我命由我不由天。

—— 【晋】葛洪

例句里面反对的就是冯梦龙在《警世通言》里写的：万般皆是命，半点不由人。以前不知道听谁说过这么一句，文学就是质疑一切，我认为正是如此。这样的创作方式很容易让你觉得自己有文化，因为它是一种变相的引经据典，而且你还不会质疑它，没达到一定高度怎么能质疑经典语录呢？你一定很牛。

写这种句子的前提是，我们要先找到一个质疑的主体，例句里面的主体就是"我"，并要找到一个角度去跟原话争。至于到底是谁更有道理你不用管，只要让自己看起来有道理就行了，让自己这句话立得住脚就行。因为我们的目的不是真的跟原句作者打辩论赛，争一个输赢，我们只是要有一句发言让别人注意到你的独特性。这种句子就是让读者觉得你这个作者不一样。所以写这种句子，在语气的把控上一定要极端一点，要狂就狂到底，要自信就自信到头，要丧就丧到极致。

【选定名句＋确定质疑观点／主题＋找到辩论点＋极端情绪化的语气】

备注：你选定的名句最好是大家耳熟能详的句子；否则太小众了，就不能显得你肚子里有货。

阿鱼的例子

人生有常，悲欢离合，生老病死，常常一个不少。

爱情并不伟大，爱情极其自私。

别人以痛吻我，我凭什么报之以歌？以德报怨，何以报德？

少年是最识愁滋味的，也是最温柔的，一草一木的疼痛都至关重要。反倒是大人长大了，却麻木了。

习惯不能被改变，只能被替代。

其实书里没有颜如玉也没有黄金屋，但我们读书，不是为了头戴金冠、身着锦袍，是为了胸中有锦绣、腹内有乾坤，天下之事，尽在掌握，命里有时，信手拈来，命里无时，顺其自然。

十七、暗黑童话：质疑

丑小鸭之所以能变成白天鹅，是因为人家本来就是天鹅。

——佚名、

童话大多是有漏洞的，为了给小孩子造梦，忽略了很多逻辑上的问题，当然，小孩子也发现不了。这时，我们就可以当一个残忍的刽子手，斩断那些美梦，让他们清醒。让美梦破碎对作者来说其实是一件非常爽的事情。事实上，很多文学创作者都很擅长当坏人。当大家的童话梦被打碎后，在那一瞬间他们也是又痛又爽，当然，还是痛比较多。但是他们也会有一种心理，就是要痛大家一起痛，我梦碎了别人也别想好过，所以他们会不遗余力地分享给其他人。那么你写的这句话，就很容易火了。

【选定一个耳熟能详的童话 + 找到它的逻辑漏洞，用现实击碎它】

备注：这个时候就不要去找那种别人看都没看过的小众童话了。你可能会说，经典童话就那么几个，别人都说完了我还能说什么？朋友，你看看我给你列的公式，你还可以找其他逻辑漏洞啊！一个童话往往有很多漏洞，你还可以找不同的现实去击碎它，这样不就有很大的发挥空间了吗？

阿鱼的例子

王子都见过灰姑娘了，却还只凭着水晶鞋找她，因为他喜欢的从来不是平凡的灰姑娘，而是配得上高贵水晶鞋的任何人。

童话里总说巫婆是坏人，可她下的每个诅咒都在帮王子和公主找到真爱啊。

真正的公主从来不需要王子的拯救。

豌豆公主是不是贵族写给民众的故事？记住自己的身份，你努力也没有用，出身是注定的。

童话里没能拯救公主的王子是不是都成了恶龙？

小矮人对公主再好也抵不过王子的一个吻。

十八、数字：真诚温柔的调料

如果你说你在下午四点来，从三点钟开始，我就开始感觉很快乐，时间越临近，我就越来越感到快乐。到了四点钟的时候，我就会坐立不安，我发现了幸福的价值，但是如果你随便什么时候来，我就不知道在什么时候准备好迎接你的心情了。

——【法】圣埃克苏佩里

也许世界上也有五千朵和你一模一样的花，但只有你是我独一无二的玫瑰。

—— 【法】圣埃克苏佩里

　　想把句子写温柔的人一定要看看《小王子》。我这个人外壳挺硬的，但所幸《小王子》让我柔软了些。如果你看了《小王子》就一定会发现，这本书里用了许多数字，没有特意用，却在每个能用的地方都用上了。我也是在这本书里发现了数字到底有多温柔，任何话好像只要给它加一个数字，时间、次数，瞬间就温柔真诚了许多。

　　不信我们随便试一试，"我想和你吃早饭"和"我想和你吃接下来的 10902 顿早饭"，"我希望和你看日落"和"我希望和你看 100 次日落"，你看，就是这么简单。

【选一件事 + 安上一个数字】

　　备注：不要强行加数字，不然太生硬了。要加在那些本来就可以用数字概括的事情上面。

阿鱼的例子

　　以后不要逃避问题了，逃避会面临几百个日夜的痛苦，但解决它或许只需要 3 天。

　　我只看了你 1 秒，从此心脏每天为你跳动 86000 次。

十九、文学蒙太奇：意象组合

　　风筝在阴天搁浅，想念还在等待救援，我拉着线复习你给的温柔。

线复习你给的温柔。

——歌曲《搁浅》（宋健彰作词）

这是一种相当高级的创作手法，当然，有时候高级也代表着难以理解。例句是周杰伦歌里的歌词。我来说说为什么要把这个方法称为文学蒙太奇。

有些人可能听过，蒙太奇是一种剪辑理论，是普多夫金根据美国电影之父格里菲斯的剪辑手法延伸出来的。普多夫金认为两个镜头并列的意义大于单个镜头的意义，认为电影是镜头与镜头构筑并列的艺术。可以用远景、大量特写等镜头的连接表现特定的心理、情绪与抽象意念。另外还有一个叫艾森斯坦的人，他受俄国辩证性哲学思维的影响，认为不同镜头间的并列引起的冲突能造成第三种新的意义。所以当我们描述一个主题时，可以将一连串相关或不相关的镜头放在一起，以产生暗喻的作用，这就是蒙太奇。

文学蒙太奇的道理和这个类似。我们可以将一连串相关的事物连接在一起放在同一个句子里，不用考虑事物与事物之间的合理性和逻辑框架，不用讲究正常的叙事方式。完全摆脱时间、空间、事物正常发展的逻辑进行创作，只需要把所有你觉得能够传递你当下情绪的事物放在一起就行了。你的目的只有一个，传递情绪，为了传递这种情绪，你可以不讲任何规矩。这个方法我不会放公式之类的东西，因为它也没有固定公式，我只想告诉你，的确存在这么一种方法，至于你怎么用、何时用，完全取决于你的心情。

北方的冷风吹散了南方的炊烟，临街的小孩拖走了遥远的笑脸，破旧的单车带走了最新的低喃，我坐在有海风的咖啡店，搅拌我们不懂珍惜的昨天。

二十、绝妙的类比：虚比虚

记忆是相聚的一种形式，遗忘是自由的一种方式。

——【黎巴嫩】纪伯伦

这是我能想到的用类比能达到的最佳效果了。大脑是一个特别奇妙的东西，有时候我们需要用具象的比喻来理解抽象的事物，但有时候，大脑其实是可以做到用一种抽象事物去理解另一种抽象事物的。因为抽象事物本身有一个理解梯度，有些事物虽然是抽象的，但它并没抽象到我们难以理解的程度，有些东西又确实太抽象了，因为离我们太远了。所以这时，我们可以用低阶抽象事物去类比高阶抽象事物，从而方便我们理解的。

比如例句里纪伯伦的那一句，记忆就是一个比相聚更难理解的概念。说起"记忆"你一般想不到一个具体的画面，但说起"相聚"可以。说起"相聚"，你的脑海里可能会出现同学聚会的场面、许久不见的初恋、杯子碰在一起的时刻等非常多的画面，这就是你对记忆的一次回溯。你会觉得，哇，这句话怎么这么妙啊，太有道理了！你的这份理解经过了自己的大脑，所经历的途径会更长，所以也更能深入人心。

　　这就是绝妙的类比，把一个超抽象的概念类比成一个能让你想起一些画面和片段的较抽象的概念。虽然这样的类比是从概念到概念，从虚到虚，但它带来的冲击力是其他任何类比方法都无法匹敌的。

【一个超抽象的概念＋一个能产出画面的抽象概念】

　　备注：重点是提起那个低阶的抽象概念，我们的脑海中有画面。

阿鱼的例子

死亡是人一生中最后一次分离。

每次分离都是一次轻度死亡。

二十一、世界对你温柔溺爱

　　你看见了，这个方法的名字是目前为止最文艺的一个。原因无他，因为这个方法就是用来写文艺范的金句的。用起来并不复杂，简单来说就是你把代表世界的所有事物，例如风、花、雪、月、朝阳、落日、晚风、星辰、尘埃等都想象成两种会温柔地爱着你的人。之所以说是两种人，是因为会这样温柔地爱着你的人一般是你的母亲和你的爱人。这种写法对没谈过恋爱的人来说不太公平，对此，我表示同情，所以我建议你把这些事物想象成你的母亲。不要觉得被冒犯了，我也一样没谈过恋爱，我的同情里包含了我自己。

把这些事物想成你身边那个温柔爱你的人会怎么样呢？这么温柔的人对你做什么事让你感到了温暖？

简单举一个例子：在所有代表世界的事物里，我最喜欢风。我唯一能想到会温柔地爱我的人只有我母亲。那么我喜欢母亲对我做什么事呢？

【代表世界的事物＋对你最温柔的人所能做的一切爱你的事】

备注：暂无。

阿鱼的例子

晚风小心翼翼擦干我的泪，叮嘱我不要怕，好的坏的都会过去的。（想的是母亲在我受委屈时给我擦眼泪。）

无论来自哪个角落的风，都无法停止叮咛。（想的是不论什么样的母亲，总是喜欢在孩子耳边碎碎念。）

即使再喜欢风的一个人，也无法在骑自行车时对逆风微笑，但风不一样，总想把人纳入怀中，不论你持何种态度。（想起我"长大了翅膀硬了"以后总跟母亲唱反调，最终总是母亲先低头。）

Chapter Nine

第九章

快速提高文案水平的
练习方法

这一章的标题取得很冒进，因为我在前面加了"快速"二字。其实在写文案这件事上，不存在所谓的快速，但从某一方面来说，"快速"两个字用得也不算不妥。因为相比一般的学习、练习写文案的方法，我接下来要讲的方法，绝对可以称得上快速了。按照我的方法，可以让你在三四个月内从零基础达到及格线水平。

在这章，就让我们好好把这些方法用起来吧。写文案可不是一蹴而就的事，要把急功近利的心思先收一收。像我这类教写文案的书，光看是没用的，你得按照作者提供给你的方法去做！

安德斯·艾利克森有一本书叫《刻意练习》，详细讲述了如果你想成为某一领域的"天才""行业专家"，你要如何去学习，具体的步骤是什么，为什么要这样学而不那样学。许多大神都讲过这本书，而我本人更是因为这本书受益匪浅。可以说，我的文案水平能够飞快进步，就是用了这本书里教导的方法。

然而正是这么一本好书，还是会有一部分人说它很空泛，就是一本鸡汤书，什么用也没有，都在跟我讲要成为天才就要付出努力，这个道理谁不知道啊？对此，我希望你能够保持自我的绝对清醒，不要人云亦云。

阿鱼除了是一个文案创作者，还有一个身份是自媒体博主。做博主的这两年，我看到有太多人在网上表现自己的"清醒"，觉得这也是毒鸡汤，那也是毒鸡汤，一眼就看穿了，所以提前杜绝了这些。

我可以明确地告诉你，鸡汤也是有用的，得看喝的人是谁。对有能力把鸡汤里的能量转化为动力的人，鸡汤就是好东西。你也可以把我这段话当作没用的鸡汤，但我希望有一部分人可以从中获得动力。

一、富兰克林写作法：适合零基础学文案的方法

这个方法是用人名命名的。很明显，这个人一定不简单。

富兰克林是一个头像有资格被印到美元上的人，他参与了《独立宣言》的起草，是美国杰出的政治家、科学家、思想家，同时他还有一个身份，就是散文家。

小时候的富兰克林在印刷厂当学徒工，每次看到报纸印出来他就会想：什么时候这些机器会印出我写的文字？是不是觉得典型的励志人物传奇开始了？是的，他成功了，但我不希望你想得那么简单，你已经看过太多这样的故事，所以我现在讲的不是富兰克林的故事，而是你未来的故事。

你和富兰克林没什么差别，你的条件甚至比他还要优越。因为你小时候可以在家安安心心读书，他却要在外辛辛苦苦打工。为什么你做不了像他那样的人物？因为富兰克林当时那样想了，马上也去做了。没钱报辅导班，他就自学，他仔细研读报纸杂志上的好文章，再把觉得写得特别好的话抄在小纸片上，一个小纸片一段话，一篇文章往往会抄下好多句子，然后他把这些小纸片全部打散。几天之后，他再给这些小纸片排序，这样他就可以完全理

清文章的结构了。做完这些事之后，他自己再把文章重写一遍。不过，在做这一步的时候，富兰克林发现了一个问题，那就是自己重写的文章总是比原文章少很多字，原文可能有 3000 字，他写出来就变成 1000 字了，写出来的东西也不尽如人意。于是他又重读原文，再重写，最后直接把自己的文章拿出来和原文对比，看看自己到底差在哪里。在这个过程中，富兰克林发现，他以为自己读懂了文章，其实只是自己以为而已，原文还有很多精彩的地方都被自己忽略了。总之，经过多次的对比、重写之后，富兰克林终于让自己重写的文章的水平接近原文了。

正是运用这样的方法，富兰克林实现了自己的心愿，他的文字被疯狂印刷，他也成了一个著名的专栏作家。

你是不是觉得这个办法不过如此？太笨拙了。我刚开始也这么觉得，认为自己没必要这样做，应该还有更多更好的学习方法。但我终于肯承认在写文案方面，我就是个笨蛋，毫无天赋可言，既然如此，笨蛋就用笨方法吧。结果，当我踏踏实实地按照这个方法去做，大概重写了 50 篇文章后，我感到自己有了明显的进步。

当然，有一些工具可以让我们的学习过程不那么费劲。我对富兰克林讲述的文案练习法进行了改进，你可以按照下面的步骤进行练习。

准备材料
一篇好文章（你想模仿的）
电脑 / 手机
Excel/ 手机备忘录

执行步骤

第一步：读文章 + 划分结构

先把全文读一遍，然后划分文章的结构。比如1—3段属于开头引入，第4段属于承上启下，5—7段属于中间部分，详细说明文章的核心——第5段是观点，第6段是案例，第7段也是案例，第8段是总结。

第二步：读文章 + 划分段落结构

一段话往往由好几句话构成。我们要搞清楚每句话在这段话里起到的作用是什么。比如第一句话是引入，第二、第三句话给出例子，最后一句话则是抛出观点。

第三步：读文章 + 挑出每段话的核心观点句

每段话肯定都有它想表达的重点。我们在这一步要做的就是把每段话的重点句选出来，然后抄到Excel或手机备忘录里。需要注意的是，在这一步要特意不按顺序写重点句，把它们全部打乱。

第四步：挑出全文金句

一篇好文章往往都有金句。把金句摘写出来，专门拿一个本子或者是建一个文件夹记录这些金句，累积多了就是你自己的金句素材库了。

第五步：排序

把你之前摘写并打乱了的每段的核心观点句拿出来，重新进行排序，努力排得和原文思路一样就可以了。

第六步：复述

建立一个空白文档，用自己的话把原文的内容重新写出来，努力跟原文表达的意思一样就可以了。重点是，模仿时要注意结构一致、风格一致、文体一致，也就是说：原作者写的是散文，你也得写散文，不能任性地去写诗歌；原作者的结构是总分总，你的结构也要是总分总；原作者的文风是忧郁的，你就不要写成欢快的。

第七步：对比

你重写出来的文章肯定会跟原文有差距，所以写完之后把自己的文章和原文拿出来仔细对比，看看到底差在哪里。这一步是我们进步的关键，建议你把对比出来的问题总结成经验，单独写到一个文档里。

第八步：重复第六、七步

直到自己复述出来的文章水平跟原文相差无几之后才停止。

注意事项

有个需要提醒的问题是，你这样写出来的文章，即使全文都用自己的话说，但内容和核心观点其实是和原文一样的，所以你照此练习出来的文章，一定不能作其他用途，不然这个行为就是剽窃了。当然，我们得承认，市面上有许多文章都会这样"偷"，这个行为说白了就叫"洗稿"。我们写文案应该有自己的操守，剽窃的事情，我们不做。就像学画画一样，也是从临摹开始，临摹这件事本身没有问题，但如果你临摹了别人的画，签自己的名字，再把它当成自己的画去卖，这种行为是不对的，甚至是要负法律责任的。文案也一样。所以，请保持初心，有些职业操守是丢不得的。

疑惑解答

你可能会有这样的疑问：我这样靠模仿写文章，时间久了，会不会没有自己的创作风格啊？

我很理解你的想法，当初我也这样想过，但是后来发现自己想多了。你刚开始学写文案，能写出来都不容易了，哪来的创作风格？既然如此，怕什么丢失自己的创作风格？

所以朋友，不要担心这个方法会限制你的创作，它只会帮助你更透彻地理解好文章的结构一般是什么样的，如果自己去写需要注意哪些问题。

所以，尽管放开手脚去尝试吧，畏首畏尾的人永远前进不了。当你通过这样的方法练习，知道怎样才能写出好文章，才能完全表达自己，才能说服别人后，你就可以不用模仿了，大胆进行你自己的创作，等着别人模仿你吧。

二、章鱼练习法：跨过新手期之后的练习方法

这是我自己总结的一套方法。为什么要取名为章鱼练习法呢？可能因为章鱼很可爱，而且有很多触手吧。这就是迈过新手期之后提升文案要做的事，让自己身上长出尽可能多的触手，从生活的各个方面去探索能够帮助自己写作的灵感素材。

如果每个文案创作者最后都会进化成章鱼，那么我一定是一只粉蓝色的小章鱼，自由自在地生活在海里，特立独行；身上庞大的触觉系统敏感得要死，可疗伤能力又那么厉害，被砍掉一只触手还能安静地长出全新的触手，周而复始地在平淡如水的日子里，跳着快乐又悲伤的舞蹈。

章鱼练习法不是一个特定的方法，不像富兰克

林写作法那样，有具体的执行步骤，它更多地是给你一些"长触手"的途径。每个人长触手的方法各有不同，我知道，你一定会有自己独特的方法，对吗？

电影：艺术是相通的，可以共同成长

文学和电影一样，都是表达的艺术。所以我想，如果能提高整体的艺术水平，其实就在无形中提高了文学水平，而在所有提升艺术水平的方式里，看电影是最轻松也最简单的。

我有一部很喜欢的电影，截至目前，我已经看了六遍。这部电影是由本·斯蒂勒执导的《白日梦想家》，我对电影中的一段台词倒背如流。当沃尔特最终在喜马拉雅山上找到著名摄影师肖恩时，肖恩正等着抓拍罕见的雪豹，他已经风餐露宿很久了，就是为了等待可以按下快门的那一刻。然而雪豹出来的时候，沃尔特却看到肖恩迟迟不按快门。于是他问肖恩："你打算什么时候拍照？"肖恩说："有时候我不拍。如果我很喜欢某个时刻，我是说，就我个人而言……我不喜欢相机让我分心，我只想沉浸在那一刻。"

至今，我仍然对电影的那个场景记忆深刻，我感受到了电影在这个片段里想要传达给我的东西，于是我打开 iPad，写下了一篇文章，主题是：享受当下是一种极致的浪漫。

文章太长了，我认为没有全放在这里的必要，我就放一段话吧：

我曾经花了 18 个小时爬山，从山脚到金顶，从春天到冬天。双腿爬到酸软无力，脸被风刮得生疼，我扛住了爬山过程中的艰辛和磨砺，所以我理

所当然地认为，在金顶日出的那一刻应该留影，保留住美好的瞬间。

可是下山后，我看着那两张漂亮的照片，却想不起日出那一刻的美好。

如果……我专心看日出就好了。

你看，这就是一只触手。

对了，你一定不要局限于电影，我这里说的不单指电影，准确来说应该是影像才对。比如我也看综艺，有一个节目叫《令人心动的 offer》，在第二季时有一个叫丁辉的人，他因为之前志向不大不够努力，所以本科的学校一般，即使他后来醒悟并通过自己的努力考上了好大学的研究生，有了好的实习经历，在节目里也很努力，最终还是不被认可，被淘汰了。我觉得他的经历和我特别像，所以在他被淘汰的那一刻，我复杂的情绪汹涌而出，我能够清晰感知到这种情绪的存在。于是我立刻拿笔写下：我们的生活不是爽文剧本，或许逆袭的结果也不尽如人意。但是还好，即使握在手里的是烂笔，也可以自己写结局。

平时可以多看电影，在某个特别让你感慨的时候按下暂停键，拿出笔，或者打开手机备忘录，把你那一刻的心情或想法完整地记录下来。这样的记录习惯，就是很好的创作习惯。

书籍：一种美食

任何一个创作者都需要看书，更何况我们的目标是成为文案创作者，不看书是不可能的。

我希望你能够把玩手机的习惯换成看书的习

惯，能有随时随地都想看书的欲望；你可以看各种各样的书，不用纠结书的好与坏，不要把看书当成一件隆重的事。把书当作你最喜爱的美食，每天都想吃，每天都得吃。

我想问你一个问题：你觉得在地铁上和飞机上看书的人是真的看书还是装有文化？我有几个朋友认为这是一种非常矫情的行为，但我可以告诉你，那些人说不定真的把书看进去了。因为书很神奇，它可以在你精神极度饥饿的时候充当美食，也可以在你不想融入当下嘈杂环境的时候，变成一个可供你随身携带的避难所。

书的重要性、能带给我们的帮助，以及如何看书，我在之前的内容里都讲到了。既然如此，就跟大家分享一本我最近看过的好书吧，蔡仁伟的《伪诗集》。

成见：即使套上垃圾袋，也没人觉得垃圾桶干净。

同理心：拉链以为，世界上所有的伤口，都会痊愈。

安慰：罐头告诉鱼，这里很安全，没有鲨鱼，也没有渔网。

证词：电视机的余温，是它的不在场证明。

悲剧：公主被王子吻醒，发现四周没有别人可以选。

我选取了其中一部分，看完是不是觉得，每句话都可以写成一个故事？如果你有这样的感觉，那就去做吧。

285

旅行：一种修行

这件事，我建议，一个人去做。

你不用去多远的地方，只要找个自己以前没去过的陌生角落就好了。在陌生的地方就会产生陌生的心情，看待世界的视角也会产生变化。实不相瞒，我的每次出行都能给我带来很多灵感，即使这些灵感我当时用不到，也会在日后的某一天用到。

所以，当你陷入瓶颈的时候，不妨试试去一个陌生的地方，收获一种陌生的心情。

收集：建立自己的素材库

如果我刚才讲的三种方式是用来帮我们长出章鱼触手的，那么现在我要说的就是帮我们长出章鱼头的。

经过几年的素材收集，我发现素材库按照以下的方法来建立是最好的。我把素材库分成三类：

金句库

建议用 Excel，并且要打开实时保存，存在云文档里。如果文档只存在电脑上，你在玩手机时发现了不错的金句，但身边又没有电脑，要怎么办呢？如果是在线文档，可以实时修改自动保存，就方便多了。我在刷抖音、知乎、微博时，看到好的句子都会把它们复制下来，直接填到我的金句文档里。

另外，一个 Excel 文档可以建立多个工作表，把金句库再分类一下。比如 Sheet1 是成长励志，Sheet2 是绝美诗词，Sheet3 是自己的原创金句，Sheet4 是爱情友情……总之，我们要把所有金句进行分类，不然金句积累多了，想用的时候就很难找。我现在的金句库里收集的金句大概有 2 万多条，自己原创的也有 1500 多条，实在是太多了。

金句的来源是哪里呢？如同我刚才说的，你平时玩手机的时候可以收集，看电影、看书时的那些经典对话和语录也可以收集，甚至是你看到的电梯广告和宣传海报，你觉得不错的广告语都可以收集起来。

材料库

什么样的材料呢？新闻八卦、时事政策，甚至是从朋友嘴里听到的故事，所有你觉得有点意思的事都可以把它们搜集起来，但要注意的是，我们在搜集的时候要尽可能把事情发生的时间、地点、人物和影响详细写出来，不能写得太粗略。不然你以后写某一篇文章需要去翻材料库，看看有没有合适的案例时，案例是找到了，却因为记得太粗略而无法很好地支撑你的观点。那种后悔莫及的感觉，真的会让你想打自己耳光。

同样，这个素材库也必须分类，新闻是新闻，政策是政策，道听途说是道听途说。原因还是怕以后材料多了不好找。这个库我建议大家用印象笔记或是 Microsoft OneNote 建立。

灵感库

灵感库其实就是选题，属于你脑子里突然蹦出来的想法，这个记录起来是最简单的，因为只需要你用一两句把脑子里的想法记下来就行了。比如，我是一个视频博主，经常需要有新的创意和好的选题，还要按时更新。但有时候脑子里真是什么想法都没有，这时你不能硬憋；或是偶尔脑袋里有很多好的想法，都是在开会或撸串儿的时候蹦出来的，这时又没心情也没空拍视频，怎么办呢？打开手机备忘录，记下来，等以后需要更新视频的时候，把这个备忘录翻出来，看看以前的灵感，随便选一个进行创作。

比如，我现在手机里就记了一句话：那种一看就让人觉得"哇，有点东西"的文案怎么写？你看，这不就是一个选题吗？

到这里，这章就正式结束了。有些朋友可能会觉得我这章的内容好像有用，又好像没什么用。其实很简单，你看了我讲的这些马上去实践就有用，你不动就没用，跟"听君一席话，如听一席话"没什么区别。

Chapter Ten

第十章

文案创作的流程与
时间管理

学会了写好文案，怎么挣钱呢？我想这应该是大多数人都会关心的问题，读书人也要吃饭嘛。如果有一些自由时间，能挣到钱，还能进步，那么为什么不干呢？

朋友，截至目前你可能已经看了无数本讲文案的书，你也学习了练习了，但还是没有挣到钱。你是不是会想，别人是怎么挣到这个钱的呢？我感觉我可以写得比他更好。别着急，你遇到的问题我也遇到过，因为我也是一个从零开始的普通人，现在我既然能给你写这本书，就说明我已经解决了大部分的问题。

下面，我将跟你分享我挣钱的方法，希望从今以后，文案创作能够成为你生活中一个重要的部分，还可以让你借此拥有更多选择的机会。

这是本书最后一章了，看完这章我将正式跟你告别。我一直把你当作一个很好的倾听者、朋友，甚至是知己，我希望你过得好。我不是一个跟你有距离的作者，你可以把我当作每个城市写字楼里最不起眼的打工人，懒惰过，迷茫过，也冲动过，但终究幸运地找到了自己喜欢做的事，并且坚持下来，还有了一些小小的收获。我懂你在挤地铁抬头时那一瞬间的迷茫，懂你受了委屈回到出租屋大哭的孤独，也懂你对自己恨铁不成钢时的厌恶，更懂你对别人励志精彩人生的向往……所以我写的这本书，可能跟你以往看过的书不一样，我没有那么扎实渊博的知识，只有一些小小的心得，却竭尽全力地分享给你。

此刻我真诚而热烈地希望你能在我的这本书里，收获一点点方向和知识。倘若有一天，我的这本书给你的生活带来了一些好的变化，请你告诉我，这样这个世界上为你开心的人又多了一个，我们可以拥有双倍的快乐。

一、写文案有没有时间自由的赚钱渠道

有，还不止一个。

但是我们要搞清楚一个状况：几乎不会有人愿意给一个没有任何成果的文案小白机会，尤其是当你只会空口说自己能做好的时候。不要指望有人会找你，机会要自己主动争取。现在市场上有以下这些渠道可以让我们挣到钱，并且时间也是自由的。

公众号

你可以自己开一个微信公众号，确定好自己的定位，定时发文，有了粉丝基础后，自然会有一些商家联系你，找你做广告，你甚至可以卖自己的产品。如果你的文章写得好，自然会有一些伯乐联系你，花钱找你帮忙写文章。但是现在的公众号已经越来越难做了，新起账号非常难，就算是一些大号，阅读量也明显不如从前，所以现在想用它挣钱，真的很难。有可能你写了几十篇甚至上百篇文章，公众号也没做起来，而一个没什么粉丝的公众号是挣不到钱的。你极有可能面对一个窘境，就是花了大量的精力，却什么都没得到。

那我为何还要把公众号放到这里说呢？因为希望不大不代表没有希望。这件事情适合谁来做呢？适合自己的微信通讯录里本来就有四五千人、自己还有好几个微信号的人。你想想，如果这样的人把自己写的文章长期分享到朋友圈，是不是涨粉会比一般人快得多？但是微信通讯录能达到四五千人的人肯定很少，那么就没必要做了吗？也不是。你坚持写文章，分享到朋友圈，让大家帮你提提意见，这是你文案进步的一种方式；当你觉得自己的水平确实还不错时，就可以试试主动出击了。

我尝试过直接去 BOSS 直聘等招聘网站搜索"新媒体运营"这个岗位，因为这个岗位基本就是写公众号的。我不限制城市，筛选规模在 50 人以下的小公司，工资还给得比行业水准低的。这种公司，一般真的是在招聘，因为是极小的公司，工资给得低，很难招到人，但跟你聊的人是老板，所以他也能做主。这个时候，我们情商高一点，适当地把自己的能力展示出来，最后给老板看看自己的公众号和写的文章，主动提议兼职给他的公司写公众号，大概率就能说成了。我之前试过这样的方法，基本上 10 个老板有 4 个愿意让我试试，其他不行的我也加了微信，在之后的某一天，他们中的一些人还成了我的固定客户。

所以你看，在你没钱没资源的时候，胆子大一点，脸皮厚一点，机会就多一点。

短视频

公众号的风口我没有赶上，但是短视频的风口，我赶上了。而今我也算是吃了短视频红利的人，所以这一块，我还是相当有发言权的。

短视频其实除了对文案有要求，还要求你的拍摄、剪辑、镜头表现力等各方面都做得好，因为最后需要你呈现出一个视频，而这个视频最好是你真人出镜。之所以要求真人出镜，是因为只有这样有IP、有辨识度的账号才能受到广告商的喜欢和粉丝的信任。广告商喜欢你，就会找你打广告。我现在全网有280多万粉丝，一条广告（也就是一条视频）能挣到2万到3万元不等，我还可以在自己的账号里卖商品，直播也能有一些收益。所以总体来说，做好短视频，收益是非常可观的。目前最火的平台是抖音、快手，但你做好一个视频后，其实可以多平台分发，粉丝越多，收益自然也就越高。

自媒体文章

这是指像头条号、百家号、大鱼号这样的平台。你在平台写文章，靠阅读量就能挣钱，而且像头条这样的平台经常有创作者激励计划，写得好的还可以赢取奖金，比如青云计划，奖金一般是5000元。

不过整体来说，这样的平台收益很少，所以要想单靠平台的阅读收益挣钱，目光就短浅了。我们可以想方设法创造爆款文章，然后拿着这些文章的数据去告诉别人，你有创作爆款文章的实力，如此就会有人主动找你，给钱让你写文章了。比如你的账号是专门写明星的各种八卦，那么以后就会有人找你写专门针对××明星或者专门夸赞××明星的文章。这种"收钱办事"的文章在平台上有很多，但具体到底收没收钱，普通人很难分辨。总之，在这样的平台，你只需记住，数据就是一切。请你把所有数据存档，说不定这也是你以后换工作转行的筹码。

拆书稿

像樊登读书、有书这样的平台都是会收这样的稿子的。因为如果全靠平台内部的员工写，是不够的，市场需求量太大了。现在很多人都没时间也不爱看书，所以帮他们把书里的重点内容提取出来，让他们只需要十几分钟的时间就能看完，既增加了他们的谈资和知识量，又不耽误时间，大家很乐意消费。一般来说，一篇拆书稿能赚 200—1000 元不等，这对很多人来说是个不错的副业，自己看着看着书就把钱给挣了，既长知识也涨钱包。但是难点在于，自己写好了拆书稿，谁花钱收啊？

樊登读书、十点读书会、慈怀读书会、365 读书、有书、熊猫书院……有共读活动的平台就是收拆书稿的平台，你可以直接去找这些平台，它们一般都会发布征稿启事，征稿启事里会有投稿邮箱和地址。

不过，每个平台的拆书稿都有自身的要求，你要交出合格的拆书稿肯定需要不断练习，刚开始的稿子基本都不会合格。每次被退稿时要耐心反思和总结，想挣这个钱就得把专业态度拿出来！

影评

这方面我不擅长，关于写影评赚钱的方式，我只是听圈内的朋友提过。因为职业影评人一般都有固定的客源，小白是很难找到资源的。

但还有一种渠道，即删稿挣钱。比如豆瓣这样的平台，如果你确实看了某部烂片，你写下了一篇高点赞的影评，很有可能就会有人花钱找你删影评。不过这终究是歪路子，大家听个热闹也就罢了。

剧本杀

剧本杀这个游戏很受年轻人欢迎，很多开这种店的商家都需要剧本来支撑游戏。专门写剧本杀的职业也就应运而生了，而且兼职就可以做到。如果你想找到合适的投稿资源，可以去"中国写手之家"，我之前在这个平台上发展过一段时间，整体来说比较靠谱，征稿启事也更新得比较频繁。

杂志

这里说的杂志没有其他意思，就是我们平时都要看的纸质杂志。这样的杂志投稿渠道一般都比较公开，如果实在找不到，也去我刚才说的"中国写手之家"这个平台，上面有很多杂志都会发表约稿启事，比如《爱格》《文学港》《鹿小姐》《青春美文》等的约稿，都可以看到，至于你想投哪家，就要看你擅长写什么内容了。只要你写的内容合格并符合该杂志的调性，一般都没什么问题，而且总体来说，收益还不错。杂志社约稿一般明码标价，按千字收费，大概是 90—200 元 / 千字不等。

我想以这样的方式投稿，倘若你的稿子能够登上杂志，对你的文案创作来说也是一种莫大的鼓励。

好了，关于写文案有哪些时间自由的赚钱渠道，我已经介绍得差不多了，应该是相当全面和详细了。其实这些自由的副业，只要你做出成绩了，随时都可以把它转为正式工作。我知道，大多数人对自己所学的本专业也并不是那么热爱，就工作而言，只要能赚钱就行了，自己根本不会想太多。那么像运营、策划、文案、编辑这类跟文案创作相关的工作，就是你转行的一个方向。

现在来解决下一个问题。既然这些工作只能算是收入不稳定的副业，那么在没做出成绩之前，我们肯定还是要有能养活自己的正经工作。但工作需要花时间，兼职需要费精力，这两者应该怎么平衡呢？

嗯，你现在肯定这样想：阿鱼真是我肚子里的蛔虫，什么都想到我心里去了。

既然如此，我一定不能辜负你的期待，我阿鱼呢，还真是一个时间管理大师。所以接下来，就请你好好听我讲一讲我的时间管理方法吧，对你来说，可借鉴性很强哦！

二、文案创作的时间管理

要做好时间管理，我们首先要弄清楚一个问题：写文案这件事到底会消耗你多少精力？要搞清楚这个问题，先要弄懂文案创作的具体流程。

其实，如果你足够细心的话就会发现，本书的目录就是按照文案创作流程排序的。

文案创作的流程

第一步：明确你的文章想写给谁看。

读者喜欢看什么？这一步其实并不怎么花时间。举个例子，今天你在"中国写手之家"看到了《爱格》杂志的约稿启事，你想赚这份钱，所以要投稿。那么你的稿子就是写给《爱格》杂志的编辑看的，而编辑看的是什么，不就是考量你的稿子会不会受他们读者的欢迎吗？好，接下来，我们可以把《爱格》历年的杂志翻出来看看，了解他们的读者到底喜欢看什么样的稿子。在你翻看很多本杂志之后，你发现这些读者喜欢伤痛文学，而且故事最好发生在校园，古风好像不太受欢迎。这样做一番了解，你就知道你的文章是写给谁看，他们喜欢看什么了。

第二步：换位思考，写什么选题才能大受欢迎。

你知道这批读者大概喜欢校园伤痛文学，但什么主题才能吸引他们呢？可以运用我在本书前面提到的选题方法进行思考，你可能发现这段时间"校园霸凌"的话题特别受这群读者的关注，而且他们还特别喜欢穿越题材的内容，你是不是就可以围绕这些话题写一个这样的故事了？比如：冷血女总裁穿越回18岁，痛打当初霸凌自己的人，勇敢追求自己曾经错过的男神，一番阴差阳错后，发现一直陪伴在自己身边的青梅竹马才是真爱。

第三步：撰写文章大纲，确定标题。

其实我刚才说的那段冷血女总裁的故事梗概就是一个笼统的大纲了，但在真正写文章大纲的时候，还是得写得更细一点。比如开头要想怎么营造她冷血女总裁的身份，怎么安排她穿越，怎么安排她被霸凌后反抗，怎么追男神，怎么发现真爱。这些都需要我们在写大纲前想好。想好大纲，我们就对自己即将要写什么样的文章很清楚了，这时再取个标题自然也不是难事，取标题的方法我在前面的内容里也专门介绍过。

第四步：写文章，这一步是最费时间的，把文章写好也很有讲究。

有些方法和技巧我也在前面提过，这里就不

多说了，如果忘了可以返回去看看第四章到第八章的内容。

第五步：修改。

看看有没有明显的逻辑错误，或者哪些内容不够吸引人需要重写。这一步可以循环多次。

当你把这一整套文案创作流程都做完之后，看看花费了你多少时间，这样对自己的创作能力也就心里有数了。

正式开启创作前的思考

自己现有的工作，时间宽裕吗？

比如，你现在每天只需要工作 8 小时，周末双休，每天中午还有 1 个小时的午休时间。你一天必须花 8 小时睡觉，吃饭和洗漱的时间估算为 2 小时，那么周一到周五你每天可以有 6 小时的时间去写文案，周六周日可以全天研究文案。这么算下来，你在写文案这件事上花的时间可能比正经工作更多，你完全有能力也有精力胜任这件事。

具体的计划要怎么落实呢？自己不可能完全不娱乐和休息吧？我的建议是，周一到周五每天至少抽出 2 小时的完整时间去写文案。这 2 小时，要么安排在清晨早起，要么安排在晚上下班之后，其余还有 4 小时的空余时间，你可以做这样几件事：

学习文案技巧，不管是玩手机，还是刷知乎、豆瓣、微博，任何平台，你都要关注与文案相关的内容。

抽出至少 20 分钟的时间看书，我建议你选择午休的时间，不用非得看纸质书，条件允许可以买一个 Kindle，不行直接在手机上下载藏书馆、微信读书等 App 也可以。这 20 分钟你在每次上厕所的时间看就足够了，其他时间看了就是额外收获，你应该为此感到开心。

把吃饭时玩手机的时间换成浏览新闻或者其他资讯的时间，浏览时记得养成之前提到的积累素材的习惯。

其实这样做下来并不难，你会发现甚至还有许多放松自我的时间。我之所以给出这样的建议，是因为我切身实践过，刚开始不允许自己有任何娱乐，结果没几天就坚持不下去了，倒不如这样安排，反而能坚持得更长久。

相信我，写文案这件事情，短期爆发式的努力效果远不如每天的细水长流。我们不能因为想追求一件事的成功就不好好过日子，不要在事情还没开始做之前就给自己太大的压力，放松一点，你收获果实的袋子才能把口子敞开一点。

现有工作太辛苦了，没有时间学文案写文案，还有机会吗？

说实话，除非你真是一个极有天赋的创作者，不然你不要妄想不努力就能超越别人。面对这种境况，我相信你自己也知道，只有三种解决方式：

拼命干。要么完全牺牲自己的娱乐时间，要么牺牲一部分睡眠时间，总之每天 2 小时，必须给自己安排上，不过比一般人辛苦一些是毋庸置疑的。

放弃。要么放弃现有的工作找一个时间更充裕的工作，要么就先放弃写好文案这个想法，毕竟不是每个人都需要靠文案过活。到底要放弃什么，必须由你自己想清楚。如果现有的工作只是为了钱，你一点都不喜欢，那么选择另一份钱少一点的工作，先学习几个月的文案，以后更好挣钱，这是一种选择；如果你还挺喜欢现在的工作，学文案只是想给自己留条后路，那么我建议你先放弃这个想法，踏踏实实把手头工作做好，去做自己擅长的事情，不要想东想西，以为给自己留了很多条后路，结果一条都没有走宽。

当作爱好。也就是你有时间学就研究研究，没时间学就放一段时间，毕竟你也没指着这件事赚钱，全当写文案是你用来放松的一种娱乐方式。娱乐而已，就不必特意花精力了。

自己创作起来效率不高，只写出几百字怎么办？

憋。实在憋不出来就看书，看别人怎么写。虽然我之前一直说写文案要讲究灵感，不能硬憋，但面对这种情况就要灵活对待。因为对初期文案创作者来说，几个小时只写出几百字一般不是因为写不出来，而是没办法集中精力，心里总想玩手机或者干其他的事情，这时必须要逼自己，逼出习惯就好了，坚持三到四周就不会有这种情况了。

后记
Postscript

这本书的出版被我拖拖拉拉延续了将近两年，其中发生的一些变故我不作赘述。

做自媒体的这几年，尤其是近两年，我的心态可谓一波三折。

刚开始，自媒体只是我的副业，因为有着主业的那一份固定工资，自媒体就是玩票性质，随便搞搞。然后我发现自媒体的收入已经超过了我的主业，并且，和拘束枯燥的固定工作相比，我更喜欢丰富自由可以表达自我的自媒体行业。于是我转到自媒体行业，一度做过短视频编导、运营总监等。在那个时候，我熬夜熬得非常厉害，经常通宵，因为我不仅要做自己的账号，还要想办法给别人做账号。长时间的高负荷，我发现自己的身体开始吃不消了，而且我只有工作，几乎没有生活。于是我辞职，开始了完完全全的自由职业道路。

但自由带来的不是放纵而是焦虑，我的确短暂地放纵过一段时间：每天宅在家看小说，睡到自然醒，偶尔出门溜达看看风景。这似乎是每个打工人梦寐以求的舒坦日子，但相信我，这种日子其实很难舒服得起来，因为你知道，自己不可能永远这样下去，肯定是要想办法挣钱的。现在只有靠自媒体挣钱了，怎么挣？接广告吗？可广告是不稳定的，而且别人会在什么情况下才愿意花钱找你？你需要有流量啊！

于是，你就会每天盯着数据看，你有了新的烦恼——流量焦虑。

数据不好就要想新的好内容，可是做出新的内容，数据还是不好怎么办？自己实在想不到怎么办？于是你就会逃避。除了做内容，做其他什么都可以，看小说、短视频，经常一天就这样糊涂地过去，然后你在夜里惊醒，发现自己今天又什么都没有做：没有产出新内容，没有内容就没有流量，没有流量就没有广告，没有广告就没有收入。于是你睡不着——怎么可以睡着？要是睡了，今天就真的什么都没有做了！

这，就是我刚开始成为全职自媒体人，成为打工人羡慕的自由职业者时的生活。焦虑、彷徨、混乱，这样的"自由生活"持续了两个月，再加上之前那一年多的超负荷工作和混乱作息，我发现自己的眼睛开始出问题了。刚开始我挂了眼科，医生说是干眼症，没什么大问题，可是后来我发现越来越严重，我拍视频时会忍不住频繁抬头眨眼。有一天，一个网友评论告诉我，我应该是得了梅杰综合征。我去网上查了一下这个病症，发现这是 40 岁左右的中年妇女常得的神经类疾病，而且，我的情形跟它的病症描述一模一样！我心下大慌，赶紧去医院挂了神经科，医生说需要住院一周观察后才能确诊。一周后，我被确诊为眼睑痉挛（梅杰综合征的一种）。医生告诉我，我的身体状况跟三四十岁似的，哪里有 20 多岁的活力……

万幸的是，我的病还是轻症，人也还年轻，只要配合治疗、加以调理，是可以好的。

于是，我逐渐给自己找到了另一个生活节奏。如果一直盯着自己的作品数据看会焦虑的话，那就时不时把自己的关注点放在其他事情上。我开始学习写小说，并且严格规划自己的生活。我在 Notion 制订了日计划、周计划、月计划、年度目标，每天按照自己制订的计划走，安排很多自己认为对成长很有帮助的事，然后坚持去做。我并不担心我做了却收获不到成果，因为我的本意就是用它们来填补我的生活。当然，事实证明，我做的每件事几乎都让我收获颇丰。

一个人待在家工作没有社交不是一件好事，而且经常一个人我怕自己容易多愁善感、东想西想，毕竟我这个病很容易被心情影响。所以我每天都给自己规定了"社交时间"，我会跟各种各样的人联系，有些人想跟我合作邀请我培训，就会约我出去喝个咖啡吃个饭，当然我时不时也会主动找别人约饭。总之，虽然我总是一个人闷头做事，但是我仍然有正常的社交生活，这使我不会变得孤僻。

这样的生活持续了好长一段时间，我的生活也开始变得规律、健康和——

乏味……

我经常会觉得自己做的事情没有意义、没有价值，因为我开始意识到，虽然我的定位是知识博主，但是主要就是做短视频。短视频的问题是：你没有办法真正传递完整的知识。毕竟60秒的时间，你能讲多少东西？很多时候，你只能让你讲的知识看上去很有用，让你的作品看上去能带给人收获。而作为一个产出内容的创作者，你心知肚明，你的内容其实并没有什么价值。

这实在是非常恐怖。一旦你开始怀疑自己正在做的事情的价值，你就会逐渐丧失做这件事的热情。要知道，进行内容创作，就是需要热爱才能产出好作品，才能稳定更新！

我知道不能让自己的这种情绪继续发展下去，所以我开始做长视频，做我认为更有用、更有深度价值的内容。我给自己新增了两个发展平台：知乎和哔哩哔哩。于是我重新感受到了内容创作的快乐，这份快乐也让我可以继续稳定地更新短视频。当然，现在知乎和哔哩哔哩这两个平台，我也做起来了。而且，因为输出长视频需要我积累更多的知识，有更宽广的视野，所以我不得不一直学习，这种带着自己的粉丝一起成长的感觉让我觉得我做的事情很有意义。

以上，就是我从打工人到斜杠青年到自由职业者的心路历程。我想很多读者看完这本书，以后或许也会走这样一条路。所以我把我的感受和经验分享给你，希望你也能够一直坚持下去。

有一本书叫《被讨厌的勇气》，我很喜欢。这本书里的很多观点影响了我的人生观，我记得最清晰的一点是：当你着急奔向未来的时候，说明你已经不喜欢现在了。

许多人目标远大，认为实现了自己的理想，人生才算真的开始，现在的生活不叫"人生"，只能算在通往人生的路上，只能算过日子。当这么想的时候，我们就已经把自己的现在贬低成了实现未来目标的工具，却忘记了：活在当下，走在当下。

如果现在的生活遇到了问题，就光想着"未来会好的"，然后麻木度日、懦弱逃避，这样的话，美好的未来永远不可触及吧？

"我现在的生活出现了一点小问题。"

"是吗？那就想办法解决它。"